JN068738

現場のリスク管理と
災害未然防止のための

不安全行動
（リスクテイキング）
の防止対策

金塚 憲彦 著

日刊工業新聞社

はじめに

　筆者は幸運なことに、多くの現場の方とお話する機会に恵まれた。自身が勤める会社には工場がいくつもあって、国内外に関係会社もあった。全社共通部門に所属していたので、これらの現場に訪れる機会があったのだ。また、自分の会社と資本関係がないような他社の方々とも交流する機会があった。いずれの現場でも、「安全」というのは共通の課題であり、中でも「不安全行動」は皆が対応に苦慮している悩みの種である。

　本書では、「不安全行動」が「意図的」に行われる場合と「意図せず」行われる場合があると考え、「意図的」に行われる場合について、その対策を検討している。「意図的」に行われる場合は、何らかの「目的」「目標」があって、あえて「リスク」を取りに行く行為になっているため、「意図的なリスクテイキング」と呼ばれている。「駆け込み乗車」などが典型的な「リスクテイキング」である。ベテラン作業者が行う「不安全行動」は、この「リスクテイキング」であることが多い。

　「意図せず」行われる「不安全行動」は、安全に関する知識や意識が不十分であることが要因であることが多いので、教育や啓蒙が有効なのだが、「リスクテイキング」はそのような対策では効果が得られない場合があり、皆が手を焼いている。「禁止」しても、「災害の被害」などを説明しても、黙って行う人が出てしまうのだ。

　結論から言うと、本書では「リスクテイキング」ではなく、その「要因」をターゲットとした「対策」を行うことで、「リスクテイキング」をしなくてもよい作業環境を実現するという安全活動を提案している。このような活動を「新たな安全活動」と呼び、「要因」となる事象を「現場のひずみ」と呼んでいる。

　「なぁ～んだ簡単じゃないか」とか「すでに自職場でもやってるよ」と思う読者も多いことだろう。本書の内容は、決して難解ではなく、一日で読破できる読者も多いのではないだろうか。しかし、理解したつもりでも、実践してみると「従来と何が違うのかわからない」「思ったよ

うな効果が得られない」「そもそも効果が実感できるのか！？」という疑問が湧いてくるかも知れない。たとえ「ゼロ災」が実現できたとしても、「新たな安全活動」の効果なのかどうかなんて、わからないのではないか・・・といった具合に。

　実際、管理者・作業者の協力を得て講義や実習を行い、「腑に落ちた」と理解して頂けた職場で「新たな安全活動」を実践したところ、結果としての「ゼロ災」以外にも効果を実感して頂けた。作業者の方が、「実は・・・」と、黙って行っていた「リスクテイキング」を報告してくれたのだ。一部を本書で紹介しているが、紹介できていない事例では、「え？」っと、筆者も驚く危険な行為もあった。（「これまで災害がなかったはラッキーだったとしか言いようがない」と思ったくらいだ。）

　また、本書では『「ひずみ」を憎んで「ひと」を憎まず』ということも提唱している。「リスクテイキング」を行った人ではなく、「現場のひずみ」が悪い、改善すべきは「現場のひずみ」であるという意味だ。災害調査などで、「被災者が本当のことを話してくれない」ということがある。事前に報告してくれれば未然防止ができるのに、「リスクテイキング」が行われていたことがわかるのは災害が発生した後だということも、「現場あるある」である。

　これは、「リスクテイキングを行った人が悪い」という前提に立つと、管理者と作業者は、（意図していなくても）敵対関係になってしまう、心理的な「壁」ができてしまう、ということに起因しているのである。「現場のひずみ（＝やり難いこと）」を共通の敵として持ち出すことで、「聴取側と被聴取側」という対向の関係から、「共通の敵（＝ひずみ）と戦う同士」という関係に変えられれば、意外と簡単に本音が聞けることがある。作業者側も「壁」を感じず、話せるようになるのだ。

　本書では、このようなことを「テクニック」として伝授するのではなく、作業者心理に基づいた「ロジック」で説明しようとしている。

　そして、「新たな安全活動」の主旨を理解頂き、「腑に落ちた」状態で実践して頂けるように、何度も見返して頂けるように「本」として「ものの見方」「考え方」をまとめたつもりである。

本書で述べている「ものの見方」「考え方」は、これまでの安全活動を否定するものではない。新たなオプション、新たな視点が加わっただけと理解して頂くのがよいだろう。ぜひ、本書を片手に、色々な施策を実践してみて頂きたい。その中で「気づき」を重ね、自職場なりの「対策」を確立して頂ければと願う次第である。

　本書が何がしかのヒントとなって、現場の安全の維持・向上に寄与できることを祈念するばかりである。

目　次

第 1 編　理解編

第 1 章　現場の悩みの種、「不安全行動」

第 2 章　実はよくわかっていない「不安全行動」
　　　　～まず敵を知る～

第2編　対策編

第3章　視点を変えて「不安全行動」を回避する

第4章　「新たな安全活動」の基本と注意点

第3編　事例編

第5章　「新たな安全活動」展開における事例

第6章 〈参考〉リスク管理の心得
〜安全第一！でも納期も品質も大事！
板挟みの現場〜

第**1**編

理解編

作業現場や生産現場での事故。その痛ましい現実は、尊い人命の喪失や多大な被害と損害の発生によって記憶される。事故を起こした現場でもそうでない現場でも、未然防止のために懸命な対策と幾重にも張り巡らされたルール作りが行われている。それでも現場の事故はなくならない。対策が不十分だったこと、ルール作りにほころびがあったこと、そうした原因もあるが、近年の事故では作業者の「不安全行動」が無視できなくなっている。「不安全行動」も禁止しているのになくならない。なぜ「不安全行動」をするのか（しかも時には会社や現場に良かれと思って行われている）という作業者心理を理解した上で対策することが重要であると本書は考える。まずは、「不安全行動とは何か」について、先人の貴重な知恵（書籍で見つけた１つの定義）を参考にして深掘りしてみた。理屈としてではなく、ひとつの「気づき」として、本書の読者にも理解してほしい。

第1章

現場の悩みの種、「不安全行動」

1-1 想定が難しく、想定できても対処が難しい 「不安全行動」

　「ものづくり」の現場では、金属板を曲げたり、切断したり、打ち抜いたりする工程もあるし、プラスチックを溶かして金型に流し込み、様々な形の樹脂製品を作り出す工程もある。更には、重量物を材料や部品、製品として運ぶ作業もあれば、でき上がった部品を溶接したり、ねじ止めしたりして組み立てる工程もある。材料から製品に至るまで、様々な物理的、化学的な処理を行い、付加価値を高めていく。そして、各々の設備では、強い力で押したり、曲げたり、削ったり、高温、高圧、大電流を印加したり、時には、人体に有害な薬液を使うこともある。

　「ものづくり」の現場には、元々様々なリスクが存在する。設備と人が共同で作業する現場では、人が設備に巻き込まれようものなら、重篤な災害になってしまう。高所からの転落や感電事故などは、命に直結する場合もある。そのような災害を避け、安全にものづくりを行うために、現場では様々な対策やルールが導入されている。

　そんな現場の「悩みの種」となるのが、本書のテーマである**「不安全行動」**である。

　昔は、設備側の安全対策が不十分で、作業者が手順どおり、規則どおりに作業していたのに災害に遭ってしまったというケースもあった。しかし、最近は、設備設計時に安全に配慮しているし、センサや扉ロックなどの安全機器も進化している。つまり、設備の安全性は格段に向上しているのである。加えて、安全教育等で、作業者の安全意識も向上している。それなのに、災害がゼロにならない。そして、そのような災害を調べると浮かび上がってくるのがこの「不安全行動」である。

その内容としては、定められた手順を守らず簡略作業をする「手抜き作業」や、通行が禁止されている最短ルートを通る「近道行為」、勝手に設備の安全機能を解除する行為などがある。不安全行動は千差万別であり、過去災害を分析しても、災害の要因となったと思われる不安全行動に共通点を見つけるのは非常に難しい。

　現場に潜むリスクを評価する手法として「リスクアセスメント」がある。しかし、職場でリスクアセスメントを実施しても、（残念ながら）災害が発生することがあり、多くの場合、その災害に関係していた不安全行動はリスクアセスメントの段階では挙がっていなかった、ということも多々ある。つまり、リスクとしては「想定外」だったのである。

　更に、悩ましい事例もある。リスクアセスメントで挙がっていた不安全行動を、議論した翌日に、リスクアセスメントの司会をしていたリーダー自身が不安全行動を行ってしまい、結果、被災したということもあるのだ。十分に「想定」できていたのに防げなかった。一体、何のためのリスクアセスメントだったのか…。

　「想定外」では防ぎようがない。「想定」できていても防げない。

　これでは、手の打ちようがない。そう考えてしまうのも無理はないのである。

1-2 一般的な「不安全行動」対策 ～「教育」と「メカ対策」～

「不安全行動」の対策について、書籍やインターネットで情報を調べても、講習会等に参加しても、なかなか有効な対策は見つからない。しかし、現場ではなんとかして不安全行動を撲滅しようと対策を打っている。現状で行われている主な対策は、「教育」と「メカ対策」ではないだろうか。

ある講習会では、「めんどうだ」「多分大丈夫だろう」「少しだけだから」「皆もやっているから」という作業者心理を不安全行動の要因として挙げていた。つまり、不安全行動の要因は、「作業者一人ひとりの意識の問題」だということなのだろう。

それが単に「(一人の) 作業者の意識の問題」なのであれば、安全教育の徹底等が対策になるだろう。実際、全社施策として「不安全行動禁止」の安全教育を行っている会社も多い。「面倒だと思っても、少しだけだからと思っても、いかなる理由があっても、不安全行動を行ってはダメですよ」と繰り返す。更に、災害が発生したらどのような損失が出るかを明示し、作業者自身が怪我をするし、最悪の場合は命を落とすリスクすらあることを認識してもらうことで、作業者に「やってはいけない行為」であることを再確認してもらう、等々。

これらは全て「教育」で意識改革を促し、不安全行動を抑え込む対策である。

一方、不安全行動が「できないようにする」という対策もある。危険箇所にカバーを追加して、手が入らないようにし、センサを追加して、不安全行動を検出したら設備が停まるようにする等の対策である。

「教育」で意識改革をしたとしても、人は失敗を犯すものである。たとえ人が失敗しそうになっても、「メカ対策」で不安全行動そのものができないようにしてしまうという対策である。

これ以外にも様々な対策やルールが考案され、実際に施行されている現場も多いと思われる。

　現状、「教育」と「メカ対策」が主要な対策が不安全行動防止策になっていると言えるのではないだろうか。

1-3 ベテランやリーダーがやってしまう

　不安全行動対策としての「教育」には悩ましい課題がある。それは、ベテランの教育である。

　不安全行動のやっかいな特徴として、ベテランやラインリーダー等が不安全行動を行っているという事例が少なくないということがある。つまり、現場の中で、どちらかと言えば指導的な立場にある人たち、作業経験が豊富な人たちが不安全行動を行っているという現実だ。

　「災害が発生したらどのような損失が出るかを明示し、作業者自身が怪我をするし、最悪の場合は命を落とすリスクすらあることを認識してもらう」という教育は、リスクが十分認識できていない初心者や作業経験の浅い作業者にこそ有効であり、有益なのであろう。ところが、ある程度経験を積んだ作業者やベテランにとっては、いずれも当たり前のことであり、十分承知しているものと思われる。

　実際、ベテランが不安全行動を行い、結果として災害に至った事例では、その後の調査において、被災者がリスクを認識していたということも多々ある。このような事例では、調査報告書でよく見かけるのは「これくらい大丈夫だと思った」という表記である。リスクを認識しているのだから、「リスクを甘く見た」という解釈になるだろうか。

　つまり、初心者や経験の浅い作業者は、「知らなかった」「わかっていなかった」ために不安全行動を行ってしまうので、「基本をきちんと理解しましょう」「やってはいけないことを覚えておきましょう」ということを「教育」するのである。それに対して、ベテランや経験豊富な作業者には、「豊富な経験があっても過信してはいけません」という「教育」をすることになるだろう。
　しかし、この「過信」というのは、曖昧であり、たいていのベテラン

や経験豊富な作業者は、「自分は過信などしていない」と思ってしまうかも知れない。結果、「教育」をしても、その前と後では、あまり変化がないということも多くなる。もっと言えば、例えば災害が発生した時の「教育」であれば、その直後は、多少なりとも慎重に作業するようになるが、中長期的には元に戻ってしまうのではないだろうか。つまり、「教育」の効果が薄い、または一過性になっているのである。

　不安全行動対策としての「教育」には、逆側（！？）の課題もある。サボる人の言い訳に使われたりしないだろうか、という点である。

　作業が遅れ気味になっている時、「もう少しペースを上げないと間に合わないよ」と言われた作業者が、「納期を守ることより、安全が大事なので…」と言い返すことがあるかも知れない。もちろん、作業内容によっては、作業者の言い分が正しい時もあるだろう。「もうちょっと頑張れるでしょ！？」というケースもあるかも知れない。

　実際、「○○の時は、もう少し頑張れ！」「△△の時は、無理するな！」等と、ケースバイケースで細かく指示ができればよいのだろうが、現実的な解決策とは言い難い。結局、曖昧な「教育」になって、最後は個人の判断に委ねられてしまうことになってしまう。そこが難しい課題なのである。

1-4　安全対策が無力化されてしまう

　不安全行動対策としての「メカ対策」にも、悩ましい課題がある。すなわち、不安全行動によって「メカ対策」が無力化されるのである。

　例えば、設備の可動部分の近く等、危険箇所に手を入れて作業するのは不安全行動である。たとえ、何らかのメリットがある（作業性が向上する、部品が固定しやすくなる、等）としても、そのような行為を行ってはいけないのは当然である。そして、そのような不安全行動を防止するため、メカ対策としてカバーを設置することがある。

　問題は、『「設置したカバーを外す」という不安全行動が行われることがある』という事実である。せっかく設置したメカのよる安全対策が作業者側による無効化・無力化されてしまうのである。

　この手の不安全行動は、不安全行動の結果が「目に見える」ので、災害が発生する前に管理者が発見し、カバーを付け直すという対処ができる場合もある。作業者にも注意をして、場合によっては、追加策として、カバーを外しにくくする処置が取られることもある。しかし、この手の不安全行動がやっかいなのは、再発することが多いということである。もちろん、しばらくの間はカバーを付けたままで作業をするだろう。しかし、中長期的には、再びカバーが外されてしまうという事態が起こってしまうのである。

　作業者の安全を守るために設置した安全対策が、作業者の手で解除されてしまう。対策を強化しても、強化した対策が解除されてしまう。イタチごっこになる時もある。担当の作業者を変更することで、再発が防げる場合もあるが、そうでない場合もある。これも悩ましい課題である。

1-5 黙って行われる

　「今から不安全行動やります！」と宣言してから不安全行動を行うという人はあまりいない。たいていの場合、不安全行動は管理者・監督者が知らないうちに、黙って行われることが多い。

　まず、自分が行っている行為が不安全行動だという認識がなくて、知らず知らずのうちに不安全行動を行っているという場合があるかも知れない。わからないのであれば、自覚しようがない。自覚していないのだから、「今から不安全行動やります！」と宣言できるはずもない。このような場合は、職場の安全教育を充実することで、作業者本人が自覚できるようにすることが肝要だろう。

　しかし、問題なのは、自分が行っている行為が不安全行動だという認識がある場合である。一言で「不安全行動」と言っても多種多様であり、リスクが低いものもあれば高いものもある。例えば、車通勤で、出勤時にスピード違反して会社に急いで向かうという場合もあれば、就業中、安全カバーを外して設備の中に手を入れて作業を行うという場合もあるだろう。これらは、多くの場合、管理者・監督者が知らないうちに行われ、災害等が発生しない限りは表に出てこないのである。逆に言えば、災害等が発生した時に、不安全行動が行われていたこと、場合によっては不安全行動が常態化していたこと、が明らかになるのである。

　管理者・監督者としては、災害に至る前に手を打ちたいのである。職場のミーティング等で、「遅刻しそうになっても無理はしないように。遅れる旨、一報を入れて下さい。」「万が一、安全カバーを外さないといけない場合は、報告して下さい。二人作業にする等の対策をします。」と呼び掛けている管理者・監督者も多いだろう。そして、不安全行動を事前に把握できていたら、先手を打って災害を未然に防げたという場合もあるだろう。しかし、黙って行われると、手の打ちようがない。

職場の人間関係がぎくしゃくしている場合もあるかも知れないが、実は、大抵の場合、特段そのような問題はないという職場の方が多い。逆に、人間関係が非常に良好で、管理者・監督者と作業者の信頼関係がしっかりしていて、コミュニケーションも良好という場合すらある。それでも、多くの不安全行動は黙って行われる。やはり悩ましい課題である。

1-6　困り果てる現場

　不安全行動はつかまえ所がなく、「これをやっていれば大丈夫」という万能な対策は見出されていない。とは言え、実際に不安全行動が要因となって災害が起こってしまったら、今後何も対策をしないというわけにもいかない。再発防止策は必要である。

　たいていの現場では、「最悪の事態を想定して」対策が立案されることになる。先に述べた安全教育やメカ対策の他にも、チェックリストによる確認や各種手順のルール化・厳格化などがなされる。やっかいなことに、このチェックリストやルールは、一度導入されるとやめることは容易ではない。逆に、何か問題がある度に項目が追加されるので、気がつけば膨大なチェックリストができあがっている場合もある。

　現場にしてみれば、本来やるべき作業を行う前に膨大なチェックを行わなければならないので、大変な手間がかかることになる。しかも、ほぼ100％「問題なし」にチェックすることになるので、だんだんと「これって意味があるの？」と思いながらチェックしてしまうことになりやすい。そして、そういうときに限って、ちょっとしたミスが発生してしまう。**「チェックが形骸化していた」**ことが問題となり、ダブルチェックが導入される。作業の邪魔にしかならないが、経緯が経緯だけに、誰も導入に反対できない。負の連鎖にはまっている感じがする。

　対策が必要だとは理解している。しかし、結構、現場は困っている。

　手間や時間をかけずにできて、かつ有効な不安全行動対策はないのだろうか？　せめて、常時とか毎回ではなく、注意すべき時を限定して対策するということはできないのだろうか？　これが現場の切実な願いなのである。

第**2**章
実はよくわかっていない「不安全行動」
～まず敵を知る～

2-1 「不安全行動」の要因は「安全意識の欠如」?

　現場の改善活動（いわゆる「カイゼン」）では、4つの"M"がある。人（Man）、機械（Machine）、材料（Material）、方法（Method）である。この4Mの視点で、現場の安全活動を見直してみると、いわゆる安全対策というのは、機械（Machine）による対策が多いことに気づく。動作中の設備では扉が開かないように制御すること（＝インターロック）や危険な箇所にカバーを追加する等である。

　しかし、「不安全行動」には、安全機能を無効化してしまう行為や、取り付けてあったカバーを外すという人為的な行為もある。「メカ対策」をしたから大丈夫なのではない。

　一方、人（Man）や方法（Method）の視点では、教育、訓練による安全意識の向上が主な対策になっている。昨今の労働災害では、多くの事例で作業者による「不安全行動」が確認されており、何らかの形で災害発生に関わっていると考えられている。災害を分析した報告書で不安全行動の要因として「安全意識の欠如」が挙げられ、再発防止の一環として安全教育が行われている。

　しかし、「安全意識の欠如」の一言で片づけてよいのだろうか？　逆に、「安全意識の欠如」というワードが出てきた時点で、それ以上の要因分析を止めてはいないだろうか？　思考停止に陥っていないだろうか？

　前述のとおり、「不安全行動」は、若手だけではなく、作業リーダーやベテランが行うこともある。本当に、意識の問題だけなのであろうか？何かを見落としていないだろうか？

　要因分析を行う手法の一つとして「なぜなぜ分析」がある。「なぜ」を

繰り返すことで、真因に迫るというものである。災害の要因分析を行う時、『「忙しい」というのは要因に挙げてはいけない』という暗黙のルールを聞いたことがある。忙しくても安全第一なので、「忙しい」は災害が発生した要因にはならないという考え方なのだそうだ。しかし、単純に考えると、時間的に余裕がある時よりも、忙しい時の方が、ミスも起こりやすいし、リスクが高いようにも思われる。

　これは「現場のタブー」なのだろうか、「安全活動の暗黙のルール」なのだろうか。災害調査において、意外と「不安全行動」そのものの要因は深掘りされていない。「不安全行動」は「人」に起因するものであって、特定個人の特定要因を深掘りしても、仕方がないということなのかも知れない。

　また、深掘りする場合でも、先述のように繁忙状況などはあえて除外されていることが多い。これは、できるだけ客観的に事象を捉えることで、合理的、普遍的な要因を見つけ出して対策をすることを目指しているからなのかも知れない。しかし、現場で働いている作業者は「人」である。感情があるし、心の状態によって行動が変わることもある。にもかかわらず、このような「心理面」に着目した要因分析が行われていないのはなぜだろう。

　「作業者心理」、この辺りに解決の糸口があるのではないだろうか。

2-2 「不安全行動」の定義とは？

　作業者心理に着目する。とは言ったものの、その前に素朴な疑問がある。そもそも「不安全行動って何だ？」ということである。そこで、書籍やインターネットで調べたものの、調べれば調べるほど愕然とした。世の中には、学説、俗説にかかわらず、様々な「定義」が提唱されているが、漠然とした「定義」が多く、その内容もまちまちであったのだ。

　例えば、「不安全行動」の要因として「人間特性」を挙げ、具体例として「暗くて見えない」という事例が紹介されていた。その説では、「暗くて見え難い作業場で作業することが不安全行動」ということだ。

　まぁ、確かに不安全だが…

　もし、このようなことが現場作業であったのなら、これは作業者の問題なのだろうか？　「不安全行動」というよりも、作業環境に問題があるのではないだろうか？　この事例の「不安全行動」の主語は何だ？作業者か？　管理者か？　よくわからなくなってきた。
　他にも、「不安全行動」の要因の例として、「勘違い」「思い込み」「うっかり・ぼんやり」「教育・訓練不足」などが挙げられていた。確かに、「勘違い」の結果として「不安全行動」してしまうということはあるかも知れない。しかし、この場合は、「勘違い」をしているのだから、作業者は自身が「不安全行動」をしているという認識はないのではないだろうか。「勘違い」そのものも、100％作業者のせいとは言えない。指導や教育に不備がある可能性もあり、管理者にも責任がある場合もあるのではないだろうか。

　他にも様々な説があったが、筆者が検討の方向性を定めるのに助けとなる情報は、なかなか見つからなかった。
　そんな時に見つけたのが、立教大学・芳賀繁教授（当時）の著書に書

かれていた不安全行動の「定義」であった。

　生産現場を「人」と「マシン」からなる「マン−マシン・システム」と考えた時、「人」が失敗を犯す、いわゆる「ヒューマンエラー」に関するものだ。

・人間行動からみた事故の２大要因は、以下のとおりである。
　エラー（Action slip/Mistake）・・・意図しないでおかすミス
　不安全行動（Unsafe act）　　・・・意図的なリスクテイキング
どちらもシステム的にはヒューマンエラーだが、
心理的メカニズムが異なる

（出典：芳賀繁（2003）「失敗のメカニズム」（角川ソフィア文庫）より）

　つまり、エラーとは、「手が滑った」「手元が狂った」「見落とした」という類のものであり、不安全行動とは、目的・目標のためにあえてリスクを取りに行く、例えば、駆け込み乗車のようなもの、ということである。

　これは、筆者が探した中では、他にはなかった「定義」だった。特に、**「心理的メカニズムが異なる」という行（くだり）が、印象的であった。**

　心理的メカニズムが異なるということは、対策も異なるのではないか。
　例えば、

・エラー　　　⇒　意図しない　⇒　メカ的な対策が有効
・不安全行動　⇒　意図的　　　⇒　人的な対策が有効

というようなことが言えるかも知れない。

そこで、「不安全行動」を「意図的なリスクテイキング*」と同義であると定義し、深掘りを進めて行くことにした。

　先の説明で「不安全行動」の要因として挙げられていた「勘違い」「思い込み」「うっかり・ぼんやり」「教育・訓練不足」等については、いずれも作業者が意図していないと考えられる。つまり、結果として行った行為は「エラー」と考えられる。
　また、「暗くて見えない」というのも、作業者が何らかの意図を持って、あえて暗いところで作業しているのであれば「意図的なリスクテイキング」と言えるかも知れないが、元々作業場が暗いというのであれば、作業環境が悪いということであって、やはり、作業者の問題というよりも管理者に問題があるように思われる。

　作業者が「意図している」のか「意図していない」のか。この視点、つまりは作業者の心理的メカニズムに着目すれば、「リスクテイキング」と「エラー」の区別はできそうだ。

＊）以降、単に「リスクテイク」「リスクテイキング」と表記する時もある。
　　「リスクテイキング」は、常に「意図的である」ということを前提にしている。

2-3 「不安全行動」だけでは災害は発生しない

災害発生のメカニズムを説明する時に、「不安全な行動」と「不安全な状態」が重なったところに災害が発生するというベン図が示される時がある（図2-1）。

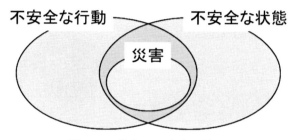

図2-1 災害が発生する状況

災害発生時に、「不安全な行動」と「不安全な状態」が重なっていたというのは確かだろう。しかし、それは結果論である。なぜ、「不安全な行動」と「不安全な状態」が重なったのだろう。

このベン図が表しているのは、統計的な分析結果だ。過去災害を分析してみると、どちらか一方のみ、もしくは両方なしという災害は稀であり、実に90％以上の災害で、「不安全な行動」＋「不安全な状態」が確認されたのだという。ただ、繰り返しになるが、これは結果だ。

「不安全な行動」と「不安全な状態」が重なったのは偶然だろうか？偶然だとしたら防ぎようがない。少なくとも、未然防止のための対策を立てることは困難だろう。しかし、偶然でなかったとしたら、「必然」だとしたら、何らかの対策を検討できるかも知れない。とは言っても、ベン図からは、その「必然」を読み解くことはできない。

逆に、"必然性"を表せる図があるだろうか？　エラーとリスクテイキングを区別して考えると、両者には時系列的な「順番」がある。これは、芳賀先生の著書でも述べられている。更に、リスクテイキングの前

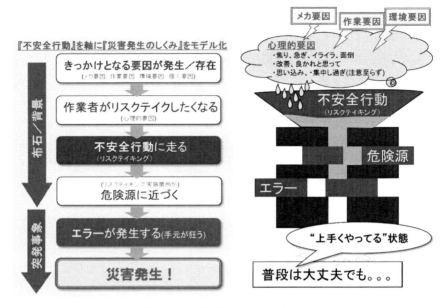

図 2-2　災害発生のしくみ①

後のことを考えると、災害に至る「流れ」のようなものが存在すること
に気づく。これを「災害発生のしくみ」と呼ぶことにする（**図2-2**）。

(1) リスクテイキングの**きっかけとなる要因**が発生する or 存在する

(2) 作業者がリスクテイキングしたくなる

(3) 作業者が**リスクテイキングを実行する**

　　→この段階では災害は発生しない

(4) リスクテイキングする箇所が、危険源に近づく

　　→この段階でも災害は発生しない

(1)〜(4) に加えて、(5) エラーが発生すると、災害が発生する、とい
うものである（**図2-3**）。

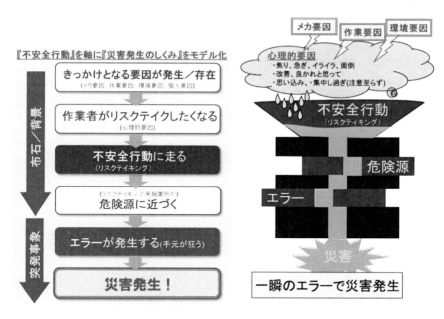

図2-3 災害発生のしくみ②

ポイントを整理すると、以下のようになる。

・リスクテイキングには、きっかけとなる要因がある
・リスクテイキングは、エラーの「前」に起こっている
・リスクテイキングだけでは、災害にならない
　（災害が起きるまでは"上手くやっている状態"になっている）
　　　→例えば、「効率よく作業できている」など
・リスクテイキングはエスカレートしていく
　　　→リスクテイキングする場所が、危険源に近づいていく、等

　全ての災害が、この「災害発生のしくみ」に沿って発生するとは限らないかも知れないが、少なくともこの「意図的なリスクテイキング」が絡んで発生する災害があるとすれば、このような"流れ"があるのではないだろうか。

ベン図だけでは「不安全な状態」と「不安全な行動」が重なる理由が理解できなかったが、この「災害発生のしくみ」で考えてみると、偶然重なっているのではなく、リスクテイキングの行為を行う場所が、安全なところから危険源に近づくという"流れ"があることになる。

　確かに、意図的に「不安全な行動」を行うのであれば、リスクを認識しているのだから、最初は慎重に安全な箇所・状態でやるのだろう。成功体験を重ねるうち、「不安全な状態」に近づいていくということだ。

　結果として、「不安全な行動」と「不安全な状態」が重なるというのは、偶然ではなく必然だと。ベン図では、"もやもや"としていたところが、少しクリアになった気がする。

　しかし、この"流れ"は、災害の未然防止に役立つだろうか?

　災害調査には、使えるかもしれない。起こってしまった災害を起点として、時系列的にさかのぼる時に、「災害発生のしくみ」に従って、事象を確認していけばよいだろう。

　とは言え、災害の予防には難しいかも知れない。「リスクテイキング」は意図的なのでそれに気づけたとしよう。でも、「エラー」を予測するのは難しい。「災害発生のしくみ」にもとづいて災害防止活動を展開しようとしても、結局「リスクテイキング防止」がキーとなる。それができていれば苦労しない。

　残念ながら、「災害発生のしくみ」だけでは即解決とはならないが、この構造化で、今後の「攻めどころ」が明確化できるような気がする。

　「災害発生のしくみ」を具体的な例で考えてみよう。

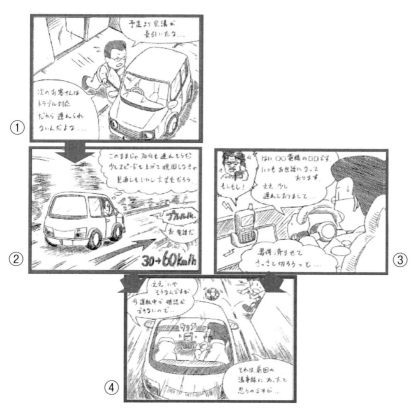

図 2-4　自動車自損事故の事例（4 コマ）

　図 2-4 は、飛び出した子供に気づくのが遅れて子供を轢いてしまう、または、避けようとしてハンドル操作を誤り自損事故になる事例である。

　概況は以下のとおり。
　①会議が長引き出発が遅れた。次の約束に遅れそうだ
　②スピードアップして挽回を図る
　③客先から電話。ながら運転にはなるが、話しながら先を急ぐ
　④細い道に入ってきた。スピード違反とながら運転は続く
　　そこに、ボールを追いかけてきた子供が車の前方に

4コマのシーンと「災害発生のしくみ」を関連付けると**図2-5**のようになる。

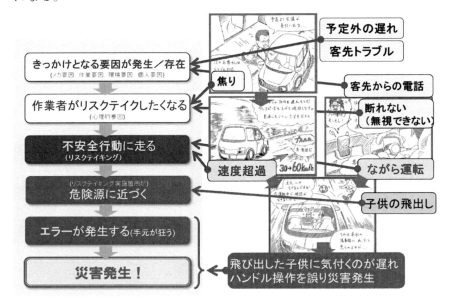

図2-5 「自動車事故」を「災害発生のしくみ」に関連付ける

この例に出てくるリスクテイキングは「速度超過」と「ながら運転」であり、「(1) きっかけとなる要因」「(2) リスクテイクしたくなる」は、

リスクテイク1：速度超過
(1) 前の会議が長引いた。予定外の遅れが発生し、出発が遅れた
(2) 次の約束に遅れそうなので焦りを感じた。遅れを挽回したい
リスクテイク2：ながら運転
(1) 客先でトラブルがあった。お客様が不満を抱いていた
(2) 掛かってきた電話が「無視できない」と思った
　　 とはいえ、出発が遅れているので、車を停めたくなかった

となる。
　また、最後のコマ④は、まさに災害が発生する直前と思われる絵で

あって、この後に、「子供に気づくのが遅れる」「ハンドル操作を誤る」等のエラーが発生して災害に至るものと思われる。つまり、「リスクテイキングは、エラーの「前」に起こっている」ということになるので、「災害発生のしくみ」のとおりになっている。

　更に、「速度超過」「ながら運転」などのリスクテイキングだけでは災害に至っていないので、「リスクテイキングだけでは災害にならない」というのもそのとおり。もっと言えば、「速度超過」や「ながら運転」というリスクを犯している状況は、一応、遅れを挽回できているので、"上手くやっている状態"と言えなくもない。

　注）「速度超過」や「ながら運転」を推奨している訳ではないので、念のため。

　「速度超過」「ながら運転」は、最初は、広い道でやっていたのが、だんだん細い道に入ってきた。つまり、「リスクテイキングする場所が、危険源に近づいていく」という状況である。
　確かに、「災害発生のしくみ」は、災害に至るパターンをモデル化できていると言えそうだ。

　この後、「災害発生のしくみ」を逆手にとって「災害防止の取り組み」を深掘りしていくことになる。「災害を防ぐために、リスクテイキングを防ぐ」のが目的であり、「リスクテイキングを防ぐため、もととなる要因を断つ」という考え方だ。
　この図をどう活用したら、「リスクテイキング予防」になるのか？「要因を断つ」とは？　具体的に、何をどうすればよいのか？　を明らかにしていきたい。

　なお「災害発生のしくみ」を少しだけモディファイしているが、**図2-6**が、これから説明する「新たな安全活動*」の概要を示している。

＊）筆者は、これを「作業者心理を考慮した安全活動」とも呼んでいる。

図には「現場のひずみ」「動機」など、新しい言葉が出てきている。「new」と書かれた部分である。更に、なにやら天秤の絵もある。

　これらについては、後ほど、順に説明していきたい。

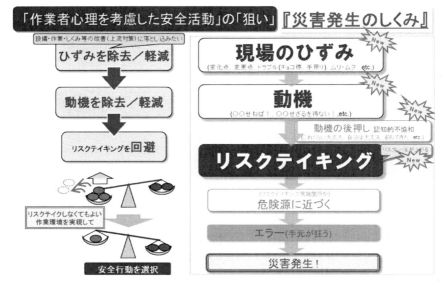

図2-6　（本書で主張する）新たな安全活動の概要

2-4 「不安全行動」の「真の怖さ」とは？

　少し後戻りして、言葉の定義を確認する。世の中には、「ヒューマンエラー」「エラー」「不安全行動」という言葉に関する定義が様々ある。本書では「エラー」と「不安全行動」は「ヒューマンエラー」に含まれると定義する。また、「不安全行動」は「意図的なリスクテイキング」と同義と解釈する（**図2-7**）。

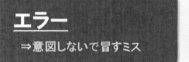

> ## ヒューマンエラー
> ⇒意図しない結果を生じる人間の行為(JIS Z8115: 2000)。人為的過誤や失敗全般を指す。人間と機械が同じ目的に向かってパートナーとして協力して働く「ヒューマン・マシン・システム」において、人間側がやるべき仕事、人間に割り当てられた仕事を失敗した、きちんとできなかった、きちんとしなかったというのがヒューマンエラー。
>
> ### エラー
> ⇒意図しないで冒すミス
>
> ### 不安全行動
> ⇒意図的なリスクテイキング

図 2-7　言葉の定義（ヒューマンエラー、エラー、不安全行動）

　「エラー」と「リスクテイキング」について、少し整理しておこう。簡単なクイズで確認して頂きたい。**図2-8**①〜③は、先ほど紹介した例から抜粋している。それぞれ、「エラー」「リスクテイキング」のいずれに該当するだろう？　「意図的か、そうでないか」でご判断頂きたい。

①ながら運転　　②見落とし　　③速度超過

図 2-8　クイズ（図2-4 からの抜粋）

「エラー」は②であり、①と③が「リスクテイキング」である。

では、この①〜③のうち、災害に直結する行動はどれだろう？

災害に直結するのは「エラー」なので、「②見落とし」が正解である。「災害発生のしくみ」で再確認すると、**図2-9**のようになる。

「リスクテイキング」の「①ながら運転」「③速度超過」は、「エラー」よりも前に行われている。

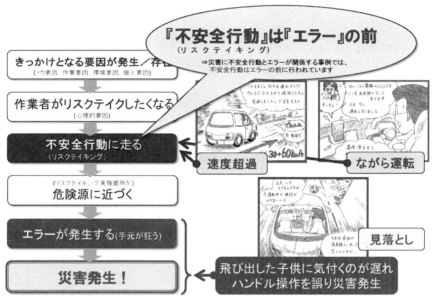

図2-9 「不安全行動」は「エラー」の前に行われている

「災害に直結する行動」は「エラー」である。このためか、世の中の「安全活動」を調べてみたところ、圧倒的に「エラー対策」と言えるものが多い。「不安全行動対策」と銘打った活動でも、内容をよくよく確認してみると、「エラー対策」であったりする。

「不安全行動」の定義が曖昧なこと、「エラー」「リスクテイキング」の区別ができてないことが原因なようにも思われる。仮に、「エラー」と「リスクテイキング」を区別できていたとしても、「リスクテイキングだ

けでは災害が発生しない」ということから、「リスクテイキング」が軽くみられてしまうのは致し方ないようにも思える。

　では、「リスクテイキング」の真の怖さとは何だろう？　実は、「エラー」と「リスクテイキング」の間には、密接な関係があるのだ。芳賀先生の著書にも、「リスクテイキング」が及ぼす影響が書かれている。

・意図しないエラーの**確率を増やす**。

・エラーが事故に結びつく**確率を増やす**。

・事故が起きたときの被害を増やす。

・事故防止**対策を無力化する**。

〔出典：芳賀繁（2007）「違反とリスク行動の心理学」（三浦利章・原田悦子（編著）『事故と安全の心理学：リスクとヒューマンエラー』第1章、東京大学出版会）より〕

　上記は、自動車事故の例に当てはめても、容易に理解頂けるだろう（図2-10）。

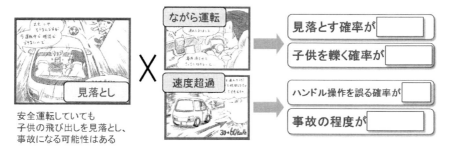

図2-10　「エラー」に「リスクテイキング」が及ぼす影響を当てはめるクイズ

　「意図しないエラー」を「見落とし」と読み替えると、「ながら運転」や「速度超過」といった「リスクテイキング」により、見落とす確率が高まるのである。

　普通に運転していても見落とすことはあるかも知れないが、「ながら運転」や「速度超過」をしている時の方が、見落とす確率が高くなる。

つまり、「意図しないエラーの**確率を高める**」ということだ。ハンドル操作を誤る確率も同じで、「高くなる」。

　「見落とし」が一瞬のことで、事故に至る前に回避行動が取れればよいが、やはり、「ながら運転」や「速度超過」をしていると、普通に運転している時よりも、そのまま気づけずに事故になってしまう可能性が高くなってしまうだろう。
　これは、「エラーが事故に結びつく**確率を高める**」ということになる。

　当然のことながら、30km/h の時よりも 60km/h の方が、事故の程度がひどくなるので、「事故が起きたときの被害を大きくする」となる（**図 2-11**）。

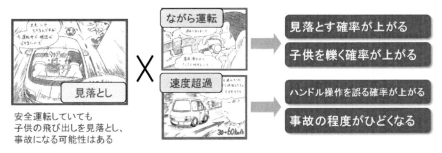

図 2-11　「エラー」に「リスクテイキング」が及ぼす影響を当てはめた結果

　「リスクテイキング」だけでは事故にならない。とは言え、「エラー」や「事故」が発生する確率が高くなっている。これは、「リスクレベル」が一段高くなったということである。つまり、**「リスクテイキングの真の怖さ」**は、**「リスクレベルを上げること」**である。**「リスクテイキングによってリスクレベルが上がる」**、これは本書のキーワードの１つである。

　職場の安全指導では、「不安全行動は災害につながる」と説明したり、「不安全行動は災害の遠因」という言い方をすることもあるだろう。管

理者は、「不安全行動」と災害をなんとかして結びつけようとする。しかし、作業者は、「いやいや、不安全行動だけでは災害は起こらないでしょ」と思っているかも知れない。災害に直結するのは「エラー」なのだから…。

　安全管理者からすると、自分達の「思い」が伝わらないような感覚があってモヤモヤしていたかも知れない。

　「リスクレベルを上げること」 が、**「リスクテイキングの真の怖さ」** なのである。「災害に至るかどうか」を、いったん切り離して考えてみれば、管理者も作業者も共通の認識を持てるのではないだろうか。

　このような「共通認識」を持つことは、職場一体となって安全活動を行う上で非常に重要となる。（具体的には、第4章で説明する。）

2-5 「不安全行動」は意図せず行う場合もあるのでは？

　2-2 節で、「不安全行動」を「意図的なリスクテイキング」と同義である、と宣言したが、完全に一致しているとは言い難い。ここで、「不安全行動」と「リスクテイキング」の違いについて考えておこう。

　実は、『現場の作業者が、「不安全行動」を行っているのではなく、「リスクテイキング」を行っていると考えることで、安全活動のヒントが見えてくる』。これは、後々の議論への「備え」「布石」と思って頂きたい。

　「不安全行動」と「リスクテイキング」は同義と言っておきながら、「不安全行動」を行っているのではなく、「リスクテイキング」を行っていると考えるとヒントが見えるというのはどういうことか？
　言葉の定義だけでは、ほぼ同じように感じるかも知れない。しかし、言葉が持っている「イメージ」が異なる。そして、それによって、作業者の心理的な反応が変わってくる。これについては、第4章を読んで頂きたい。
（本章では、その布石としてリスクテイキングのイメージについて触れる。）

　心理面に踏み込む前に明確に理解しておくべきことがある。現場で使われる「不安全行動」という言葉は、2つの意味があるのだ。

　「リスクテイキング」とは、動機となる目的・目標があり、敢えて認知しているリスクをとる行動であり、意図的にリスクを冒すことである。芳賀先生の著書では、「リスクテイキング」「不安全行動」「違反」の関係が**図2-12**のベン図で表されている。

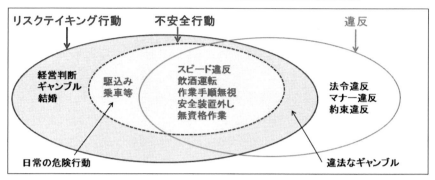

〔出典：芳賀繁（2007）「違反とリスク行動の心理学」（三浦利章・原田悦子（編著）『事故と安全の心理学：リスクとヒューマンエラー』第1章、東京大学出版会）の図1-1（p. 10）に基づいて一部改変〕

図 2-12　リスクテイキング行動と違反、不安全行動の関係

　「不安全行動」は、たいていの場合、現場のルールに違反しているので「違反」に含まれている。そして、「駆け込み乗車」等の「日常の危険行為」は、「違反」ではないかも知れないが「不安全行動」であると。そしてそれらは、「リスクテイキング行動」でもあるということを表している。

　「違反」は、「ルールに納得していない」「みんなも守っていない」「守らなくても注意を受けたり罰せられたりしない」というケースでは、目的・目標があり敢えてリスクをとりにいっているとは言い難い。「ルールを知らない」「ルールを理解していない」等という場合では、"意図的"とは言いがたいので、「違反」であるが「リスクテイキング」ではないということになる。

　図2-12を見ると、「不安全行動」は「リスクテイキング」に含まれている。そして、「不安全行動」の外側には、ギャンブルに加えて、経営判断、結婚等が書かれている。ここには喫煙なども含まれるだろう。リスクとは、災害につながるようなリスクだけではなく、経済的なリスク、

健康リスク、人間関係、心理面等々、多岐に渡るリスクがある。これらのリスクをとることも、「リスクテイク」なのである。

　確かに、経営判断に失敗すると、企業が成長するどころか、倒産の憂き目に遭うことさえある。投資・起業も同じだろう。利益を増やそうと新製品を発売するぞと投資しても、売れなければ損が出てしまう。結婚しても離婚することもある。確かにリスクは存在する。

　もっとも経営判断や投資・起業を「リスクテイキング行動」とするには、違和感を感じるかも知れない。しかしながら確かに、目的・目標があって、敢えてリスクをとっている行動なのである。

　とはいえ、とてもわかりやすい図だと思う。注目して頂きたいのは、「経営判断、結婚」の部分である。これらはいずれも**リスクを伴うが、決して「悪いこと」というイメージはない**のではないか。経営判断、結婚を「リスクテイキング」と呼ぶ人は、少ないのかも知れない。どちらかというと、これらを「チャレンジ」と呼ぶ人の方が多いのではないだろうか。

　そもそも明確に口に出して、「リスクテイキング」とか「チャレンジ」と言うこと自体がないかもしれないが、少なくとも頭の中でイメージするのは、経営判断、結婚は「チャレンジ」である。

　「リスクテイキング」とは、動機となる目的・目標があり、敢えて認知しているリスクをとる行動であり、意図的にリスクを冒すことであるという言葉の定義はそのままにして、1つ付け加えたい。それは、**「必ずしも悪いことばかりではない」**ということである。

　「不安全行動」と言うと、「悪いこと」「やってはいけないこと」を指すことが多く、どうしてもネガティブなイメージがつきまとう。

　しかし、実は、これが**現場の安全活動の落とし穴**になっていることがあるのだ。時には、**原因究明や対策検討の足かせとなる**こともあるのだ。

　逆に、「リスクテイキング」は「チャレンジと表裏一体」であると考えてみよう。そのように考えることにより、突破口とでも言える新たな視

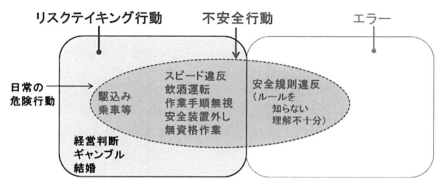

図2-13　図2-12をリスクテイキング行動とエラーで再整理（違反は省略）

点のようなものが見えてくる。

　このように言うと、「不安全行動がチャレンジとは何事か！？　不安全行動を推奨するのか！？」とのお叱りをうけることも多々ある。

　しかし、論じたいのは「リスクテイキング」の良し悪しではない。キーワードが**「リスクテイキング」であろうと「不安全行動」であろうと、これらを抑制していきたい**というのは同じだ。そして、**「リスクテイキング」は「チャレンジと表裏一体」**と考えることで、その道筋が見えてくるということを、第4章でお伝えしていきたいと考えている。あくまでも、現場の安全レベルの維持・向上を目的としている点を、念押ししておきたい。最終目標は災害防止である。

　なお、図2-12では「不安全行動」を囲む線が描かれていたが、点線になっていた。「不安全行動」なのか、「不安全行動ではないリスクテイキング」なのか、**境界線は極めて曖昧**なのだ。この境界線自身が、あまり意味がないかも知れない。ということで、本書では、敢えて、この境界線をとっぱらいたい。図を修正するというよりも、境界線はないものと考えて、検討を進めていきたいという意味である。そして、**「不安全行動」ではなく、「リスクテイキング」をキーワードとして**、現場の安全活動について深掘りしていくことにする。

　（例えば、「不安全行動」を説明するため、図2-13では境界線を残して

いるが、「不安全行動」の境界線はないものと考えて頂いて差し支えない。）

　図2-13は、芳賀先生の図をアレンジしたものである。以降の話の中では、「ルールを知らなかった」、「間違って理解していた」などによって、結果的に「不安全行動」をしてしまったようなケースは、意図的な行動とは言えないので、「エラー」に分類する。

　芳賀先生の図（図2-12）では、大きなくくりが「リスクテイキング」と「違反」であったが、図2-13は「リスクテイキング」と「エラー」に変えている。
　そして、「不安全行動」の一部を「エラー」に含めている。

　「不安全行動とリスクテイキングを同義とみなす」という言葉に対し、ちょっとした強引さを感じたとすれば、その理由がこれかも知れない。
　すなわち、現場で起こる災害、特に、若手や経験の浅い作業者が被災するようなケースでは、被災者が「ルールを知らなかった」「勘違いしていた」「思い込んでいた」などということも少なくないということだ。

　図2-13は、**現場で使われている「不安全行動」という言葉に、2つの意味がある**ことを示している。そして、それらを区別することで、つまり、災害に関連していた**「不安全行動」が、「リスクテイキング」なのか「エラー」なのかを識別する**ことによって、その後の原因究明や対策が**変わってくる**と言いたいのである。

　リスクを低く見積もるというケースは、どちらになるのだろうか？
「これくらい大丈夫」という判断をした結果として不安全行動を行ったのではないか、というケースが時々ある。
　リスクの理解が不十分でリスクを低く見積もったならば、「エラー」になるだろう。問題になるのは、**リスクは十分理解しているはずなのに、**

「これくらい大丈夫」と判断したと思われるケースではないだろうか？
これについては、3–4節の説明の中で明らかにしていきたい。

　「現場で使われている「不安全行動」には、2つの意味がある」ということは、現場の方々は薄々感じていたのではないだろうか。
　学問的な定義で言う「不安全行動」は、芳賀先生のおっしゃるように「意図的なリスクテイキング」なのだろう。しかし、正直なところ現場では「意図的かそうでないか」という基準で「不安全行動」か否かを判断していなかった。そういう判断基準というか、着眼点もなかったように思う。だから、ルールを知らなかった、間違って理解していたという場合でも、結果として不安全な行動をしているのだからということで「不安全行動」と呼んでいたのである。そして、「不安全行動」対策として、再教育が定着したと考えられる。
　結果としての「行為」ではなく、心理面に着目するという考え方は、新たな視点＝「気づき」ではないだろうか。作業者の心理面に着目し、「不安全行動」が、「リスクテイキング」「エラー」のどちらかを判別することで、その後の原因究明や対策が変わってくるはずだ。

　ということで、今後の説明では、**「リスクテイキング」**は、**「不安全行動」**の中でも、**意図的に行われたものに限定**している、とご理解頂きたい。

2-6 「不安全行動」の要因とは？

　「災害発生のしくみ」で、「作業者がリスクテイクしたくなる」という心理的要因があった。これをリスクテイキングの「**動機**」と呼ぶ。では、「リスクテイキング」である「速度超過」と「ながら運転」について、「動機」として最も可能性の高いものを**図2-14**（a）〜（c）から、更に、「動機」の元となった事象、きっかけ、背景として、可能性が最も高いものを**図2-15**（ア）〜（ウ）からそれぞれ選んで頂きたい。

(a)道幅が広い道路で安全だと思った
(b)出発が遅れたのを挽回したい
(c)昨晩食べたピザが美味しかった

(a)お客様を怒らせたくない（電話を無視して）
(b)話しながらでも安全運転できる自信があった
(c)黙って運転するのが寂しい

図 2-14　クイズ A

リスクテイキングの動機
(X)○○○

リスクテイキングの動機
(X)○○○

(ア)自分は法定速度を守らない主義
(イ)営業車はエコカーで燃費がよい
(ウ)前の会議が予定より長引いた

(ア)お客様とはゴルフ友達である
(イ)お客様の案件でトラブルが発生していた
(ウ)営業車にはハンズフリーが設置されている

図 2-15　クイズ B

まずは、図2-14のクイズA「動機」の方である。どちらも（c）の選択肢はないだろう…。

　「速度超過」の（a）は、災害が発生した時の分析結果などでよく目にする文言かも知れない。ベテランの不安全行動に対して、「これくらい大丈夫だと思った」というのが原因だと書かれているものだ。気になるワードが早速出てきた。ただ、（a）（b）のどちらが「動機」かとなると、（b）の方が適当ではないだろうか。

　「ながら運転」も、（a）と（b）が入れ替わっているが、同じパターンだ。（a）が「動機」なのかどうかは微妙だが、（b）は「これくらい大丈夫」になるだろう。ということで、消去法で（a）。

　次に図2-15のクイズB。こちらは、設問がかなり苦しい。選択肢が強引だ…。

　「速度超過」の「動機」が（b）出発が遅れたのを挽回したかったのだとすると、そのきっかけとなったのは、（ウ）前の会議が長引いただろう。

　「ながら運転」の「動機」は（a）お客様を怒らせたくないを選んだので、そのきっかけとなった事象を（ア）〜（ウ）から選ぶとすると、（イ）のお客様の案件でトラブルが発生していただろう。

　「ながら運転」であれば、「なぜ一旦停止して電話に出なかったのか」という視点で原因調査することが多いような気がするが、それだと、「動機」は「遅れを挽回したい」で、「きっかけ」は「出発が遅れた」で「速度超過」と同じ結果（＝選択肢）になるだろう。

　正解は**図2-16**のようになる。

　「動機」の選択肢に、「これくらい大丈夫」という主旨の文言が入っていた。これについては、第3章（具体的には3-4節）で説明する。これは、いわゆる"布石"である。詳細は次章で確認頂きたい。

　さて、本題に戻ろう。クイズのように、選択肢が用意されていれば、「リスクテイキング」の動機やそのきっかけを特定することは簡単かも

リスクテイキング **速度超過**

リスクテイキングの動機

(b)出発が遅れたのを挽回したい

きっかけとなった事象

(ウ)前の会議が予定より長引いた

リスクテイキング **ながら運転**

リスクテイキングの動機

(a)お客様を怒らせたくない（電話を無視して）

きっかけとなった事象

(イ)お客様の案件でトラブルが発生していた

図 2-16　クイズ B の正解

知れない。しかし、前の会議が長引いたとか、お客様との間にトラブルがあったというように、当事者しか知らない場合も多いため、災害発生後の調査で、被災者がそのことを話してくれないと要因として挙がってこないことも多い。そしてその情報不足が、調査を行き詰らせたり、方向性を間違わせてしまうこともある。

　調査する立場としては、そういう話を教えてもらわないと原因がわからない。しかし、報告書には、何らかの原因を書かないといけない。そういう時に、「これくらい大丈夫だと思った」のかと考える時がある。被災者に確認しても否定しないので、報告書では「安全第一の意識が不足していた」と結論付けてしまうことにもなる。

　一方、災害発生前の当事者の立場で考えてみよう。

　「前の会議が予定より長引いた」や「お客様の案件でトラブルが発生していた」というのは、たいていの場合、本人がそのように仕向けたというよりも、結果的にそうなってしまっていた場合が多いのではないだろうか。

　後者は、当事者が粗相をしてトラブルになったという場合があるかも知れないが、そうでないケースも多々ある。

当事者からすると、これらのような事象は"避けようがない"事態もあるかも知れない。そして、このような事象が、「リスクテイキング」の動機やそのきっかけになるというのであれば、当事者は知らず知らずのうちに**「リスクテイキング」せざるを得ない状況**に追い込まれているということにはならないだろうか。

　「前の会議が予定より長引いた」「お客様の案件でトラブルが発生していた」というのは、**もともと予定していたものではないだろう**。できれば無いに越したことはない事象であり、余計な出来事であるとも言える。業務をスムーズに遂行する上で邪魔な事象である。
　このような事象を「**現場のひずみ***」と呼ぶことにする。

　現場というのは、いわゆる生産現場に限らないのであろう。会議室も現場だし、運転中の車内も現場、あらゆるシーンにおいて、発生してしまった予定外・想定外のことを「ひずみ」と呼ぶ。

　くどいようだが、「現場のひずみ」は元々なくてもよいものであり、どちらかといえば状況を悪くするものである。当事者とすれば、「現場のひずみ」のせいで困った状況に陥っているとも言える。

　これらのような困った状況をなんとか打破しようとする、すなわち、**「ひずみ」（の影響）を解消／緩和しようとする行動が「リスクテイキング」**なのではないだろうか。
　ここまでの内容を「災害発生のしくみ」で整理してみよう（**図 2-17**）。
　「災害発生のしくみ」の図の一番上にある「きっかけとなる要因」という部分が「現場のひずみ」になるということだ。「予定外の遅れ」「客先トラブル」、これらは、なくてもよいものであり、現場がひずんでい

＊）「現場のひずみ」の英訳は、"Unexpected Condition/Situation" と考えている。漢字で「歪」と書くと「ゆがみ」とも読めてしまうため、本書ではひらがな表記で統一している。

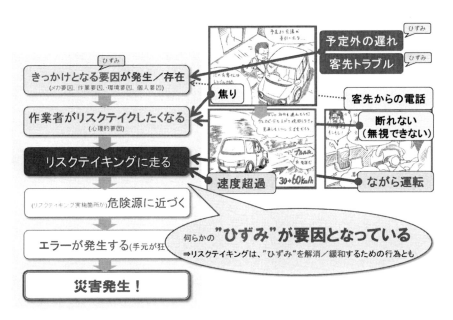

図 2-17 「災害発生のしくみ」は何らかの"ひずみ"が要因

ると言える。更に、会議が長引いた分の遅れを挽回したいという思いが「動機」となって、速度超過という「リスクテイキング」に結びついている。

　ながら運転の方は、「運転中に客先から電話がかかってきた」というのも「現場のひずみ」と考えられるが、「運転中なので電話に出ない」あるいは、「一旦車を停めてから電話に出る」こともできると思われる。「この電話は無視できない」「一旦車を停めてられない」と思い、運転をしながら電話に出るというリスクテイキングを選択した背景には、現場のひずみとして、「予定外の遅れ」や「客先トラブル」があったからではないだろうか。

　「ひずみ」を解消／緩和する行為が、「リスクテイキング」。
　確かに、予定通りに会議が終われば、つまり、予定外の遅れが発生しなければ、敢えてスピード違反してまで急ぐ必要はないだろうし、しな

いだろう。

　客先トラブルは、ケースバイケースかもしれないが、リスクを犯して
までながら運転をすることはないかも知れない。また、出発が遅れてい
なければ、車を停められる場所を見つけて、一旦停車してから、折り返
し電話していたのではないだろうか。

　実際に現場で起こっている「リスクテイキング」と「ひずみ」との因
果関係が必ず説明できるのか？　という疑問は残るかもしれないが、
「現場のひずみ」は非常に重要なキーワードとなるので、ぜひ覚えてお
いて頂きたい。

　芳賀先生の著書では、「リスクテイキング」の「動機」として、以下の
4つが挙げられている。

　（a）リスクに気づかないか、主観的に小さい
　（b）リスクをおかしても得られる目標の価値が大きい
　（c）リスクを避けた場合（安全行動）のデメリットが大きい
　（d）リスク自体が快感である。覚醒水準を上げる

〔出典：芳賀繁（2007）「違反とリスク行動の心理学」（三浦利章・原田悦子（編著）
『事故と安全の心理学：リスクとヒューマンエラー』第1章、東京大学出版会）より〕

　（a）は意図せずリスクを冒しているケースに近いかも知れない。（d）
はギャンブルなどのケースに該当すると思われるため、本書で扱う検討
内容からは外れているように思われる。
　（b）はまさに、駆け込み乗車がよい例で、「目前の電車に乗れれば約
束に間に合う」などというケースは、得られる目標の価値が大きいので
敢えてリスクを冒しに行くことが考えられる。
　（c）は、例えば、道路を横断したい時、少し離れたところに陸橋があ
る場合などが該当するだろう。もちろん、遠くの陸橋を渡れば安全に道

路を横断できるのだが、余計に時間がかかるし、階段の上り下りも面倒になる。道路の交通量が多い時には、ムリはしないのだろう。しかし、「これくらいの交通量なら問題なく横断できそうだ」という状況では、陸橋を渡るという安全行動にデメリットを感じるのではないだろうか。リスクを冒してでも、目の前の道路を横断するかも知れない。

　現場の安全活動でも、「リスクテイキング」の動機として、(b)(c)が着目すべきポイントであることは間違いないが、「現場のひずみ」を念頭において、過去事例を調べ直してみると、当事者、つまりは、災害の被災者になるのだが、その方から見ると「リスクテイキング」の背景として、もう少し、切羽詰った状況が見えてきた。「リスクをおかしても得なければならない目標がある」という状況や、「安全行動をとると目標が達成できない」という状況であり、その目標が個人のものではなく、「組織目標」だという状況である。

　例えば、無理をしないと作業が予定通りに終えられない、予定していた生産量に到達しないという状況や、このままだと欠品でラインが停まってしまう、あの1個を（落ちないように手で受けて）救済しないと不良率が目標値を超えてしまう、などという「状況」だ。
　元々の生産計画に無理があった場合もあるだろう。しかし、多くの災害事例で確認する限り、必ずしもそうではなかった。
　災害の背景要因を深掘りしてみると、やはり、「現場のひずみ」と呼べるものが見えてきた。例えば、以下のようなものだ。

① 設備がちょこちょこ停止（「チョコ停」と呼ぶ）していた
② 部品のチェックが必要となり、作業を一時中断していた
③ トラブル後に設備再起動する時、一旦、把持機構が開くので、把持していた製品があると落としてしまう（落ちると不良品）
④ 部品がなくなりかけていた（このままだとラインが停まる）
⑤ 動線改善のためのリレイアウトを先延ばしていた（予算都合）

⑥　ルールが守りにくかった／要領書記載の作業がやり難かった

　①②は予定外のトラブルだ。これらにより作業が遅れてしまったので、その遅れを挽回しようとして「リスクテイキング」が行われていた。
　③も予定外のトラブルが起点だ。当然、落下した製品は不良品になる。不良品にしないためには落とせない。すると落下している製品を空中でキャッチしなければならないが、これは明らかに「リスクテイキング」である。しかし、不良率をppm*オーダーで管理している現場としては、1個の不良が不良率を跳ね上げてしまうことになる。つまり、「空中キャッチしない」「手を出さない」という安全行動にはデメリットを感じてしまっていたのである。
　④については、次章で詳細に検討したい。
　⑤⑥は作業環境に問題があった事例になる。生産性が低い、作業効率が悪いと作業者が感じてしまう場合に、禁止されている近道行為やルールや要領書で決められたものと異なる手順で作業を行うという「リスクテイキング」につながっていたというものだ。

　事象や現象は様々だが、現場のあるべき姿、理想的な生産計画からは外れたものであり、作業者起因というよりも、作業者はそのような状況、環境におかれているという側面が強いと思われる。つまり、作業者は「リスクテイキングせざるを得ない」と思ってしまう状況・環境におかれていたとも言えるのではないだろうか。
　裏を返せば、「現場のひずみ」に直面した作業者が、遅れを挽回したい、製品を不良品にしたくない、ラインを停めたくない、作業効率を上げたいという思いから、つまりは、なんとかして**「現場のひずみ」の影響を解消／緩和しようとして「リスクテイキング」を行った**と言えるのではないだろうか。

＊）百万分の1。

もっと言えば、**悪いのは「リスクテイキング」を行った作業者ではなく、「リスクテイキング」を誘発させた「現場のひずみ」**と言えないだろうか。

　チョコ停が「現場のひずみ」。

　設備トラブルということで、生産性の観点から、問題点、あるいは解決すべき課題と捉えているだろうが、安全性の観点から課題と考えられることはなかったのではないだろうか。

　作業者にしてみれば、「会議が長引いて予定外の遅れが発生した」のとなんら変わらない。自分のやるべきことが遅れてしまったのだ。今は気づいていないだけで、現場には「ひずみ」がたくさんあるということかもしれない。

　「現場のひずみ」があったとしても、作業者に「リスクテイキング」を思い留まってもらうことはできないだろうか。

　次章では、視点を変えて考える。「**心の天秤**」で作業者の心の中を推し量り、「リスクテイキング」を回避する方策を検討していきたいと思う。

第2編

対策編

第2編では、作業現場や生産現場での事故や災害を防止するための、リスクテイキングのとらえ方とその対策について考えていく。「リスクテイキング」によって「リスクレベルが上がる」時に、事故や災害が起こりやすくなる。その対策を行うには、リスクレベルが高くなりつつある状況を検知して、その情報を関係者で共有する必要がある。しかし実際には、そのようなことができている現場は少ないかもしれない。「検知」しても「まぁいいか」と気づかなかったことにしてしまう。「情報共有」せずに黙ってリスクテイキングをしてしまうのである。本書では、作業者心理を「理屈（方法論）」の面と「感情」の面から分析して、職場（作業者と管理者）が一体となってリスクテイキングを回避する対策を検討する。

第**3**章
視点を変えて「不安全行動」を 回避する

3-1 「アクセルを緩める」という考え方 ～新たな安全活動～

　ここまで、作業者の心理に着目して、人間が犯した失敗が「意図的か否か」で「意図しないエラー」か「意図的なリスクテイキング」かに判別する、というところから始まり、「リスクテイキング」を引き起こす「動機」、その背景となる「現場のひずみ」について述べた。この後いよいよ、「リスクテイキングの防止策」に踏み込んでいく。

　前章までの検討で、「動機」によって「リスクテイキング」が引き起こされることを確認した。つまり、「動機」は「リスクテイキング」のアクセルのようなものと言える。一方で、ルール遵守の精神や安全教育・しつけを通じて醸成される「安全意識」が「リスクテイキング」を思い留まらせることがある。こちらはブレーキのように作用する。この関係を「**心の天秤**」という図にした（**図 3-1**）。

　この「心の天秤」を使って、現場で働く作業者の心理状態や行動をイメージしてみよう。

　リスクテイキングの「動機」が強ければ強いほど、「アクセル」側に載る錘が重くなる（＝多くなる）とイメージして頂きたい。結果、天秤は左側に傾いてしまう。これは、作業者が「リスクテイキング」を実行してしまうケースだと考えられる。

　逆に、「安全意識」が打ち勝つと、「ブレーキ」側、つまり、天秤の右側に載る錘が重くなって、天秤は右側に傾くというイメージだ。天秤が右側に傾いている場合は、作業者は「安全行動」をとる。

　もし、「動機」と「安全意識」がトレードオフの関係にあるとき、どちらを選択すべきか悩んでしまう状況に陥ってしまうのであろう。その時

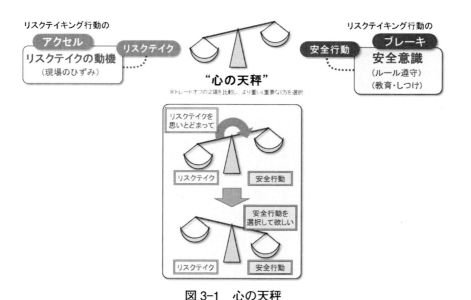

図 3-1　心の天秤

の作業者心理を、「心の天秤」を使って考えていきたい。

　「安全第一が基本でしょう。」
　「動機と安全意識がトレードオフってどういうこと？」
と心の中で反論している方がいらっしゃるかも知れない。ここは、そのような疑問を一旦保留して頂き、しばらくお付き合い頂きたい。

　「心の天秤」を使って、不安全行動の回避を言い表すとすれば、左側に傾いている状態、つまり、「リスクテイク」しようとしている時に、なんとか思い留まってもらって天秤を右下がりにする、すなわち、「安全行動」を選択してもらうということになる。

　本書では、安全活動における「新たな視点」を提案したいと考えているので、これまで、または現状の活動を「従来の安全活動」、提案する活動を「新たな安全活動」と呼ばせて頂きたい。

ただ、誤解がないようにしておきたいのだが、このような呼び方をするのは、「従来の安全活動」が古いと言っているわけではない。逆に、従来から行われてきた安全活動は、安全の基本・基礎であり、大事な活動である。従って、「従来の安全活動」を「基本の対策」、「新たな安全活動」を「追加の対策」と呼び代えて頂いてもよい。

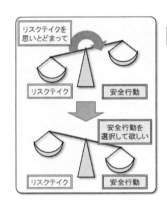

図 3-2　従来の安全活動と「心の天秤」

　「従来の安全活動」を一言で言い表すならば、「安全意識の向上」と言えるのではないだろうか。これは、すなわち、「心の天秤」の「ブレーキ」側を強化する活動である。

　具体的には、「ルール遵守の徹底」、「教育・しつけ」などであり、例えば、各種安全教育、KYT（危険予知訓練：**K**iken **Y**ochi **T**raning[*1]）、TBM（ツールボックスミーティング：**T**ool **B**ox **M**eeting[*2]）、ヒヤリハット事例の共有などがある。

[*1]　作業や職場の状況を描いたイラストシートを使って、危険や危険源を予想する訓練。
[*2]　作業者の体調確認に加え、その日の作業内容や方法・段取り・注意点などを話し合う。
　　　工事現場で、工具点検を兼ね工具箱の前で開催されていたのが名前の由来と言われる。

「従来の安全活動」は、安全の基本・基礎であると考えている。しかし、「従来の安全活動」が「意図的なリスクテイキング」に対しても有効かどうかは検証してみる必要がある。

　つまり、「従来の安全活動」が作業者心理にどのように作用するかについて考えてみたい。

　では、「心の天秤」で作業者心理を確認しながら、事例にあてはめて考えてみよう。

　図3-3は、工場での一場面を想定したものである。

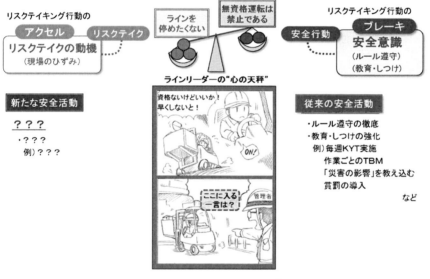

図3-3　工場でのリスクテイキングの想定場面

　1コマ目は、見回り中のラインリーダーが、部品がなくなりかけている工程があるのを見つけたという状況である。部品とはいえ大物で重量物、フォークリフトを使わないと運べない。しかし、間が悪く、ちょうど休憩時間でドライバーが不在であった。ラインを停めたくないという思いから、自分が無資格だということは認識しつつも、フォークリフトを運転することを決意した、という場面である。

　2コマ目は、偶然にも（!?）、管理者が通りかかり、ラインリーダーの

「リスクテイキング」を見つけた状況になる。

　この時のラインリーダーの心境を「心の天秤」（図3-3上）で確認してみよう。「無資格運転は禁止である」という「安全意識」はあるものの、「ラインを停めたくない」という「（リスクテイキングの）動機」が打ち勝ってしまっている。従って、「心の天秤」の左側、つまり「アクセル」側に錘が3個、右側、つまり「ブレーキ」側に錘が2個あるような状態になる。これだと、天秤は左側が下がる。結果として、ラインリーダーは、免許を持っていないのに、フォークリフトを操作して部品を運ぶという「リスクテイキング」を行ってしまったということになる。

　「アクセル」と「ブレーキ」がトレードオフになるということの一例である。
　でも、「安全第一だよな」と心の中でつぶやく方も多いだろう。
　ここで考えて頂きたい。図中、管理者が何か言おうとしているのか。

・どのような言葉をかけているのだろうか？
・その言葉を聞いて、（不安全行動を起こそうとしていた）ラインリーダーの「心の天秤」はどのように変化するのだろうか？

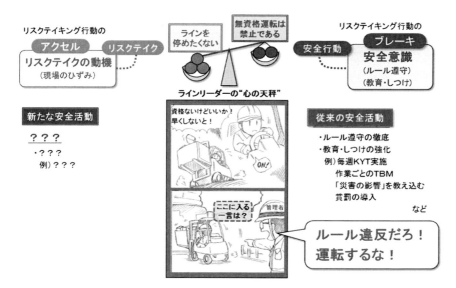

図 3-4　管理者がラインリーダーのリスクテイキングを制止する場面

　やはり、管理者がかける言葉は、安全上・教育上の指導となるので、「（ルール違反だから）運転をやめなさい」とか、「ドライバーと代わりなさい」ということになるだろう。

　そして、リーダーはそれを聞いてフォークリフトの運転をやめるだろう（**図 3-4**）。

　これを「心の天秤」で考えるとどうなるだろう。

　管理者の発言は、「心の天秤」の「ブレーキ」側に錘を追加したことになる。結果として、「心の天秤」は右側に傾いた。つまり、ラインリーダーは「安全行動」を選択したということになる（**図 3-5**）。

　さて、もう少し突っ込んで考えてみよう。

　安全行動を選択したラインリーダーの「心の天秤」では、確かに、右側が下がっている。しかし、左の皿に着目して頂きたい。錘は 3 個のままで変わっていない。これは、どういうことを意味するのだろう？

　つまり、作業者はどのようなことを思っているのだろうか？

　「部品がなくなってラインが停まってしまう（という不安)」ではない

図3-5　ラインリーダーが安全行動を選択した心（右下の天秤）

だろうか？

　きっと、ラインが停まってしまうということを気にするのだろう。言い換えると、「ラインを停めたくない」という「リスクテイキング」の「動機」は、ラインリーダーに残ったままになっているということになる。

　芳賀先生の「リスクテイキング」を行う要因を思い出して頂きたい。「安全行動を選択した場合のデメリットが大きい」というのがあった。「ラインが停まってしまうこと」は、**図3-6**のようにラインリーダーにとって「デメリットが大きい」のではないだろうか？

　さすがに、管理者に注意されたばかりなので、この絵のあともフォークリフトには乗り込まないと思われるが、このような心理状態だと、ラインリーダーは別の「リスクテイキング」に走ってしまうかも知れない。例えば、重量物なのに、部品を手で運ぼうとするかも知れない。

　ご承知のとおり、重量物を持ち運ぶ行為は、バランスを崩して転倒す

図3-6　作業者はまだ「安全行動」にデメリットを感じている

るリスクや腰を痛めるリスクがある。足に落とした場合には骨折することがあるかも知れない。更に、部品を１つ１つ運ぶとなると、何往復もしなければならないので、何らかの災害が発生するリスクは、それなりに高くなってしまうと予想される。それでもラインリーダーは「リスクテイキング」してしまうかも知れないということである。

　「安全行動にデメリットを感じる」の意味を、少しご納得頂けたのではないだろうか。今まで、このような心の葛藤を考えたことはなかった、または意識していなかった、という方も多いのではないだろうか。
　ここまで、「従来の安全活動」で対処した場合について説明したが、ご納得頂けただろうか？ラインリーダーは、「安全行動」を選択しているので、「安全行動は何か」は理解している。しかし、納得まではできていないかも知れない。「安全行動」にデメリットを感じるという言い方でラインリーダーの気持ちを表現してみた。

　それではこれに「新たな安全活動」で対処したらどうなるだろう？

「従来の安全活動」では、「心の天秤」の右側にフォーカスしていた。逆に、「新たな安全活動」では、「心の天秤」の左側にフォーカスしていく。つまり、「リスクテイキング」の「動機」に着目する（**図3-7**）。

「安全行動」のためには、結果として「心の天秤」を右側に傾けたいので、右の皿に手を加えないのなら、天秤の左側を軽くしないといけない。「新たな安全活動」を一言で表すなら、「リスクテイキングの動機解消」となる。または、「リスクテイキング」の「アクセル」を緩める活動と言えるのである。前置きが長くなったが、事例に戻って考えていこう。

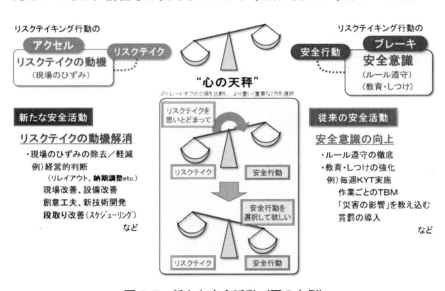

図3-7　新たな安全活動（図の左側）

先ほどの、とある工場での出来事は、部品切れ直前という状況を発見したラインリーダーが、自分はフォークリフトの運転免許は持っておらず、「無資格運転は禁止である」ということも承知していて、「安全意識」はあったにもかかわらず、「ラインを停めたくない」という「動機」が打ち勝ってしまい、「リスクテイキング」を行ったというものだった。

それでは、管理者がどのような言葉をかければ、「動機」が解消されるのだろうか？「心の天秤」の左側、つまりは「アクセル」側の錘を減らすことができるのだろうか？

ラインリーダーは、ラインを停めたくなかった。これが「動機」ということは、「ラインを停めろ」だろうか？

　管理者が「ラインを停めろ」と言う代わりに、もう少し言い方を変えて「休憩時間は10分だろ？その間はラインを停めていい」、あるいは「ラインを停めていいから、ドライバーを待て」と声をかけるというのは、どうだろう？

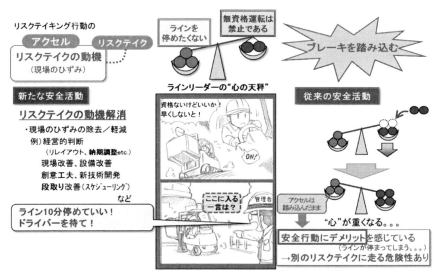

図3-8　管理者が新たな安全活動を理解して指示を変える

　このようなことを言われたなら、ラインリーダーの「動機」はどうなるだろうか？

　「なくなる」のではないだろうか。

　ラインを停めてよいと言われたら、ラインリーダーがフォークリフトを運転する理由そのものがなくなる。つまり、「リスクテイキング」の「動機」がなくなってしまうのだ。

　これは、「心の天秤」の左側が軽くなった、「アクセル」側の錘を減らすことができた（**図3-9**）と言えるのではないだろうか？

　さらにもう1つ突っ込んで考えてみよう。この場合に、ラインリー

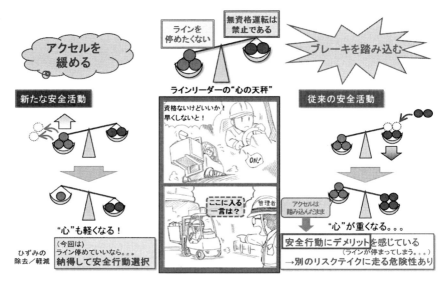

図3-9　新たな安全活動で心も軽くなる

ダーが別の「リスクテイキング」をする可能性についてはどうだろう？

　例えば、先ほど少し説明したように、フォークリフトがダメなら、手で部品を運ぼうとしないだろうか？

　これは、「ない」と言い切れる。

　ラインを停めてよいのであれば、そのような無理をする必要がないからだ。

　結果的に、「従来の安全活動」の時と同じように、「新たな安全活動」においても、ラインリーダーは「安全行動」を選択している。更に、「新たな安全活動」での対策、つまり、「動機解消」を行った場合は、ラインリーダーにも納得して「安全行動」を選択してもらえるのではないだろうか？

　「従来の安全活動」での対策、つまり、「安全意識」の強化を行った場合は、いったんは「安全行動」を選択するものの、同時に「デメリット」を感じていたのと対照的ではないだろうか？

　ここで1つ疑問が浮かび上がる。

ラインリーダーは納得したと思うが、生産性は落ちてしまう。それはよいのだろうか?

　例え10分間とはいえ、ラインが停まってしまったら、生産性が低下しまう。確かに問題だ。しかし、なぜラインが停まりかけているのだろうか?部品がなくなりかけていたから。だ。

　「部品がなくなりかけている」という状況は、正常だろうか?異常だろうか?予定通りだろうか?予定外だろうか?

　正常ではなく、予定外だと思われる。

　このような状況を何と言っただろうか?

　先ほど、キーワードが出てきていた。「現場の〇〇〇」と言えば?

　そう、「ひずみ」である。「現場のひずみ」なのだ。

　ここで話がつながった。前の会議が長引いて出発が遅れたというのも、部品がなくなりかけていてラインが停まりそうだというのも、本来、予定していたものではないので「現場のひずみ」だ。そして、なんとかしてその状況を打開しようと、挽回しようとしている行為が、結果として「リスクテイキング」になっている。

　それに対して、管理者が「ラインを停めていい」と言ってくれれば、「なんとかする」必要がなくなる。しかし、「ひずみ」は残ったままだ。つまり、ラインが停止してしまう。生産性が下がってしまうのだ。

　従って、一番良いのは「現場のひずみ」を除去してしまう、なくしてしまうということになる。管理者の目線で、別の言い方をすると、今回10分のライン停止は致し方ないとしても、何度も10分間停められたらたまったものではない。それを回避するためには、どのような言葉をラインリーダーにかけてあげればよいのだろうか?

　「部品がなくなる前に見回ってくれ。」だろうか?

　一応、今回も部品がなくなる前ではあった。

部品がなくなりかけているのを見つけた時、いなかったのは誰なのだろう？いなければならない人、いるべき人がいなかった。

　そう、フォークリフトのドライバーがいなかったのだ。この場合ならば、ドライバーが休憩していたという事案である。

　「間が悪い」と言えばそうだが、対策はないのだろうか？

図 3-10　現場のひずみを除去する

　そう、「（ドライバーが）休憩時間になる前に見回ってくれ」が1つの対策になる。

　部品がなくなりかけていても、ドライバーに補充を依頼できれば、フォークリフトを使って部品を供給してもらえる。ラインリーダーが「リスクテイキング」をする必要はなくなるのである。

　そう考えるなら、「現場のひずみ」を正確に言い直すことができる。「部品がなくなりかけているのに、フォークリフトのドライバーが休憩中で不在だった」となるのだ。だから、見回りの時間を工夫すれば、部品がなくなりかけていたとしても、ドライバーがいるので特に問題はなく、「現場のひずみ」を未然防止できていると言える。

　更に、このような大物部品については、投入計画を立てる時、休憩時

間に補給しなくてもよいように計算しておくという手もあるかも知れないし、他にもっと良い対策があるかも知れない。

　「今回は」仕方ないので停めてよいと言うけれども、それは緊急対策。恒久対策も考えておきなさいよ、といったところだろうか。

　このような「対策」を、「心の天秤」で再確認しておこう。
　天秤の左側には、「ラインを停めたくない」というリーダーの思いが載っていた。これが「リスクテイキング」の「動機」になっていた。
　しかし、「ラインを停めてよい」と言われたので、錘が減った。ただ、1個残っている。これは、「生産性低下」が気になっている、ということによる。とは言え、「動機」が軽減され天秤の左側が軽くなったので、リーダーは安全行動を選択してくれた（**図3-11**）。

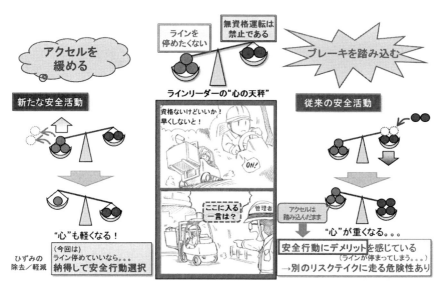

図3-11　新たな安全活動に基づく緊急対策

　これを緊急対策と呼ぶとすれば、この緊急対策で「動機」は大きく軽減された。除去できたと言ってもよい。ただし、「現場のひずみ」は残っている。あくまでも「「ひずみ」の影響を小さくできた」のが成果である。

これに対して、恒久対策も存在する。見回りの時間を工夫すれば、部品がなくなりかけていたとしても、ドライバーに補充してもらえるので、何の問題もない。つまり、「現場のひずみ」を除去できる。「ひずみ」がないので、「動機」もない。「リスクテイク」も必要ない。

　このケースは、緊急対策の結果として安全行動を選択した時も、ラインリーダーにとって、デメリットは特に無い。なにせ、ラインを停めてよいのだから。
　つまり、納得して安全行動を選択できるのである。
　故に、別の「リスクテイキング」に走る可能性がないのである。

　更に、見回りの時間を工夫することについても、ラインリーダーは、特段の異論もないはずである。ルールの追加や安全対策に対する投資等は、一切不要だったが、「現場のひずみ」を除去することで狙い通りに「リスクテイキング」を回避し、災害の芽を摘むことができそうだ。
（強いてルール追加と言うなら、「見回り時間の見直し」くらいか…。）

　ただし、安全を所管する部門とすれば、「ラインを停めてもいい」とは言えないと思うだろう。現場を所管する上長だからこそ言える一言だ。「部門の壁」という見えない障壁があるかも知れない。もしかしたら、安全を所管する部門からは、「心の天秤」の右側しか見れないのかも知れない。「動機」の除去／軽減には現場との連携が不可欠なのである。

　ここまでで、「従来の安全活動」とは異なる視点からの"対策"に、ご納得頂けただろうか？
　ポイントは、「心の天秤」を用いて、作業者の心理に着目したことだ。今回の事例では、ラインリーダーの「動機」に着目していた。そして、その「動機」を除去できないか？軽減できないか？という視点から対策を考えてみたということになる。これは、「リスクテイキングの動機解消」であり、「リスクテイキング」の「アクセル」を緩めるということ

だった。

　この「新たな安全活動」の対策は、作業者の心が軽くなるのも特徴と言えるだろう。「リスクテイキングの動機」がなくなったので、作業者の立場からすると「リスクテイキングをする必要がなくなった」と感じられるのだ。これは、「リスクテイクしなくてもよい作業環境」が実現できた、ということになるのではないだろうか。

　作業者は「禁止」されたからリスクテイクしなかったのではなくて、「リスクテイクする必要性」がなくなったからしないのだ。

　「ラインを停めてよい」という判断は、ラインリーダー一人ではできないかも知れない。この事例では、ラインリーダーの真面目な人柄がにじみ出ていた。部品がなくなりそうという「現場のひずみ」に対して、なんとかしようとしてリスクを自身で背負い込んでいたのだ。

　あれ？ラインリーダーは、ルール違反しようとしていたんだよな…。なのに「真面目な人柄」ってどういうこと？と、ちょっと違和感を感じた方がいるかも知れない。
（この件については、3-4 節の説明も参照して頂きたい）

　「ラインを停めてよい」というのはある種の経営判断になるので、管理者だから下せた決断になる。しかし、管理者がこの一言を言ってくれたおかげで、ラインリーダーは自ら背負い込んでしまっていた重荷を迷うことなく降ろすことができた。「新たな安全活動」は、作業者だけでなく、管理者や、時には他部門も巻き込んだチーム活動になることが特徴の一つと言えるだろう。

　「従来の安全活動」では、「ルール違反をした本人の問題」と、個人の問題と考えていたのではないだろうか。「職場の問題」という言い方をすることもあったかも知れないが、それは「職場が個人をきちんと指導できていなかった」という意味であり、結局は個人の問題に帰結していたのではないだろうか。

これまでの考え方だと、「個人の問題」「個人の責任」という考え方がベースにあったので、「ルール違反した人＝悪い人」となっていたのかも知れない。しかし、問題の本質はそこではないのだ。

　単純に、「心の天秤」の左側か右側かという話なのではなく、ベースにある考え方が、「従来の安全活動」と「新たな安全活動」で根本的に違っているのではないだろうか。

　「従来の安全活動」もチーム活動だとのご指摘もあろうかと思う。確かに、作業者だけでなく、安全教育のために安全担当事務局や職場の上長が講師になって講習会を開催している。設備にカバーを追加したり、インターロックを追加／強化するのに、設備担当部門が関与している。確かに、チーム活動だ。

　しかし、やはり「安全意識の向上」というのは、どうしても作業者本人の問題に帰結しているのではないだろうか。つまり、「リスクテイキング」については、「本人」の問題であって、「本人」の改善こそが大事ということになっているのではないだろうか。

　それに対して、「新たな安全活動」では、「リスクテイキング」を行った本人の問題ではなく、「現場のひずみ」が問題であると考えているところがポイントである。言うなれば、「作業環境」の問題であると考えているのだ。従って、「作業環境」を改善するためには、「作業環境」を提供している会社や管理者が改善に携わる必要があり、設備担当部門、生産技術担当部門、生産スケジュールやプロジェクトを管理する部門等々が参加する必要がある。

　「新たな安全活動」では、作業者がリスクテイキングをしなければならない環境に置かれていることを問題視しているとも言える。

　「現場のひずみ」という言葉は別として、「従来の安全活動」でも、現場や作業上における問題点について議論していなかったわけではないだろう。しかし、それらの問題点は「背景要因」と呼ばれていたのではないだろうか。つまり、あくまでも「リスクテイキング」やそれを行った

「人」が「主」であり、作業環境の問題点は「副」と考えられていたのではないだろうか。

　もちろん、「背景要因」についても対策を検討することがあるだろう。しかし、主に「リスクテイキング」をできないようにする対策を議論していたのではないか。そして、最後は「主」要因である「人」の教育を行い「対策完了」となっていた。
　「逆転の発想」とまではいかないが、「着眼点」が全く違っている。「従来の安全活動」の「背景要因」が「新たな安全活動」の「主要因」。少し視点を変えるだけで、要因分析や対策が変わってくる。これは、是非、現場でも実践してみるべきではないだろうか。

　ここで、「災害発生のしくみ」に再登場してもらうことにする。
　第2章の説明の中で、災害に至る「流れ」があると言った。つまり、最初に「現場のひずみ」があって、そのひずみが元となってリスクテイキングの「動機」が生じ、作業者が「リスクテイキング」してしまうというものであった。
　「新たな安全活動」は、この「流れ」を逆手に取っている。つまり、対策として「現場のひずみ」を除去／軽減するのだ。結果、リスクテイキングの「動機」を除去／軽減することができる。「動機」がないのに、敢えてリスクを冒してまで無理をしないだろう。つまり、「リスクテイキング」を回避できることになる（図3-12）。

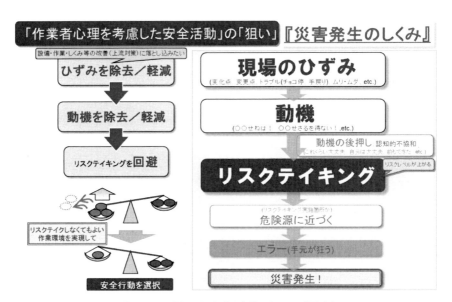

図 3-12　新たな安全活動の狙い　（図左）

3-2 「新たな安全活動」を深掘りする

　ここまでで、「リスクテイキング」を防ぐためにどうすればよいかということについて、「心の天秤」を用いて考えてみた。

　その上で、「従来の安全活動」による「リスクテイキング」防止・禁止の考え方、「新たな安全活動」による「リスクテイキング」回避の考え方を比較してみた。これらを改めて、再度簡単なクイズで振り返ってみよう。

　とはいうものの、本書では「新たな安全活動」を推しているので、「新たな安全活動」的なものの見方をすると、作業者心理がよく理解できますよ、というお話をすることになる。

　時には「従来の安全活動」を批判しているように聞こえる時があるかも知れないが、ご容赦頂けるとありがたい。
（もちろん、「従来の安全活動」は「安全の基本・基礎」である）

　それでは、早速、「心の天秤」の右側に錘を追加した場合、つまり、安全意識、ブレーキの錘を増やしたケースの問題点について考えよう。この場合は、「リスクテイキング」を思い留まってもらえたとしても、作業者は安全行動を選択することにデメリットを感じていたのだった。

　図 3-13 は、何度も登場している「速度超過」と「ながら運転」である。

　安全行動として、「法定速度遵守」と「（電話にでるため）一旦停車」が考えられる。このような安全行動を選択する時にデメリットと感じる可能性の高いものを、それぞれ（a）〜（c）から選んで頂きたい。

| リスクテイキング | 速度超過 | リスクテイキング | ながら運転 |
| 安全行動 | 法定速度遵守 | 安全行動 | 一旦停車 |

(a)見通しのいい道路なのにもったいない
(b)車の性能を最大限に引き出せない
(c)お客様との約束の時間に間に合わない

(a)お客様に怒られなくてすむ
(b)移動時間が余計にかかる
(c)交通ルールを守るのは当然だ

図 3-13 「速度超過」と「ながら運転」（再掲）とクイズ

「速度超過」の選択肢はまだしも、「ながら運転」の選択肢の中にはデメリットと言えないものも混じっていると思われるかも知れない。（設問に苦労の後が見えているが、気にしないで頂きたい）

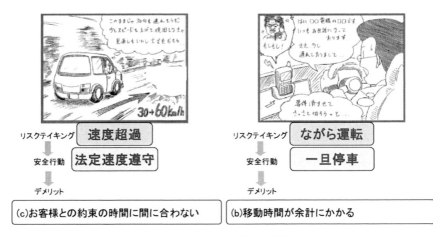

リスクテイキング	速度超過	リスクテイキング	ながら運転
安全行動	法定速度遵守	安全行動	一旦停車
デメリット		デメリット	

(c)お客様との約束の時間に間に合わない

(b)移動時間が余計にかかる

図 3-14 図 3-13 の解答

　正解は図 3-14 のようになる。いずれのケースについても、遅れを挽回できないことをデメリットと感じてしまうだろう。
　「次の約束に遅れてはいけない」という思いが強ければ強いほど、こ

のデメリットを大きく感じてしまうに違いない。

　安全行動を選択した結果として、お客様の約束に遅れてしまうのは、受け入れ難く、デメリットと感じるだろう。

　これに対して、安全第一の立場ならば、「遅れなさい」と言うべきなのだろうか。前節の現場事例で、「ラインを停めてよい」と言うのと同じで、「お客様との約束に遅れてもよい」とは言いにくいかも知れない。

　作業者が感じる「デメリット」をご理解頂けただろうか。

　安全第一だけども、お客様との約束も大事。大事なお客様だったら、遅刻に対して、とても大きな「デメリット」を感じるのかも知れない。

　次に、「速度違反」の例で動機を除去／軽減してみよう。（ア）〜（ウ）のどの選択肢を選べば、動機が除去／軽減できるだろう。

（c）前の会議が予定より長引いた

（ア）（事前に断りを入れ）前の会議を途中退席する
（イ）前の会議で十分睡眠をとっておく
（ウ）時間を巻き戻す『技』を習得しておく

（b）出発が遅れたのを挽回したい

（ア）出発前にお客様に遅れる旨電話する
（イ）偶然上司が速度違反を見つけ、注意する
（ウ）車にリミッター（速度抑制機）をつけておく

図 3-15　「速度超過」の動機クイズ

　「動機」を除去／軽減するためには、「現場のひずみ」を除去／軽減する。図 3-12 の「ひずみが何か」を念頭に、考えてみて頂きたい。

　正解は**図 3-16**のようになる。

　ところで、確認だが、この事例における「現場のひずみ」は何だったのだろう。

リスクテイキング
速度超過

(c)前の会議が予定より長引いた　(b)出発が遅れたのを挽回したい

ひずみの未然防止　　　　　　　動機の軽減

(ア)(事前に断りを入れ)前の会議を途中退席する　(ア)出発前にお客様に遅れる旨電話する

図3-16　図3-15の答え

　そう、「前の会議が長引いたこと」である。結果、出発が遅れた。

　ここに書かれてある「動機の元」が、「現場のひずみ」そのものだ。この後訪れるお客様との打合せに絶対遅れられないのなら、図3-16（左）選択肢（ア）のように事前に断りを入れて「前の会議を途中退席する」というのがベストな対策になる。段取りで「現場のひずみ」を未然防止できる。

　とはいえ、前の会議も大事で容易に抜けられないという場合もある。結果、出発が遅れた＝「現場のひずみ」が発生したというのが図3-16右側のコマになる。選択肢（ア）の「遅れる旨電話する」というのは、「現場のひずみ」の除去はできていないが、「動機」を軽減させる効果が期待できるのではないだろうか。「新たな安全活動」はチーム戦。お客様も安全を守るためにお客様も「チーム」の一員であることを祈るばかりだ。

　でも、そんな思い通りにいくだろうか。逆に、お客様の怒りを買ってしまう場合もあるのでは？と、少し心配症な方もいるだろう。つまり、電話を受けたときのお客様の心理について、懸念する方もいらっしゃるだろう。例えば、せっかく電話を入れてもお客様が怒り出して、火に油を注ぐ結果にならないかと…。この件については「たとえ、怒り出す可能性があったとしても、連絡を入れるべき」である。人は「待つこと」に強いストレスを感じる。「どれくらい待たないといけないか」などの

状況がわからない時には更にストレスが増すのだが、「遅刻する旨連絡する」ことで相手のストレスを減じることができる。更に「待つ側」よりも「待たせる側」の方がより強いストレスを感じる。連絡を入れることで、自分自身のストレスも低減できるのだ。「現場のひずみ」は除去できないが、その影響を軽減する効果は十分あることを覚えておいて頂きたい。

3-3 「新たな安全活動」を仮想の災害事例に適用してみる

次は、作業現場での出来事を想定してみよう。

図 3-17　作業現場でのリスクテイキング場面

左コマに描かれている作業者の前にある箱のようなものは、テープにテンション（張力）をかける装置である。この絵の中には描かれていないが、箱の外（壁の向こう側）に大型製品があり、その製品にテープを巻きつける作業をしているところである。

右コマに描かれているのがこの装置の内部。ちょうどテープに付いている異物を取ろうとしている。テープに異物が付いたままで製品にテープを巻き付けてしまうと、異物のところが盛り上がってしまうし、場合によってはテープを破いてしまうことがある。そのため、設計からは「異物なきこと」という要求仕様が出ている。これは作業要領書にも記載されていた。

しかし、いざ作業を始めてみると、なぜか異物が頻繁にテープに付いてしまう。テープに付いた異物を取り除くには、①停止ボタンで装置の動きを止める、②カバーを開ける、③異物を取り除く、④カバーを閉じて装置停止を解除する、という手順が必要で、けっこう面倒な作業になる。何より、小さなのぞき窓から、ずっとテープを監視しなければなら

ない。テープの動きは比較的遅い方で、異物を発見することも、除去することも、一応、問題なくできている。

　当然、きちんと手順を守って作業していたようだが、「チリも積もれば山となる」、あまりにも頻繁に異物が付いていたので、作業効率が非常に悪くなり、スケジュールの遅延が気になり始めていた。

　ここまでの説明で災害の臭いがぷんぷんしてきていることがおわかりだと思う。この事例では、この後災害が発生することになる。

図3-18　作業者の心の葛藤

　設計部門と現場の感覚の違いというのもあるかも知れないが、現場感覚では「これくらいの異物はいいのでは？」と思うような小さな異物もあったそうだ。しかし、要求仕様には「異物なきこと」と書かれていたので、現場で勝手に判断するわけにはいかない。また、元々、テープに異物が付いていたわけではなさそうだったので、装置を改修すれば異物を減らせるのでは？と、作業者は思っていたのだが、装置を手配したのは別部門だった。更に、装置メーカーに送り返して改修するとなると、工期が大幅に遅れてしまう可能性があった。

　八方塞である。

つまり、現場としては選択肢が非常に限られていた。結果として、「効率よく異物を除去する」という結論に至った。効率よく作業するためには、カバーを開けて、装置を動作させたままで異物を取り除くしかないということになる。テープの動きは遅いのでできそうだが、装置にはカバーを開けると動作停止する安全機能（インターロック）があった。作業者は、インターロックを効かないようにするしかないと決断したのだ。

　これは「インターロック殺し」と呼ばれる、典型的な「リスクテイキング」だ。
　しかし、作業者も、さすがにインターロック殺しの危険性は承知していたようである。木片を使って、どんな危険があるかを事前に確認していた。ブレーキドラムという、この大きなローラーに巻き込まれたら、結構大変なことになりそうだ。最悪、骨折とか（**図 3-19**）。

図 3-19　「インターロック殺し」の危険性の認識

　そう。事前に危険を認識していたのだ。意外ではないだろうか。
　このような事故が発生した時、たいていの報告書には「危険を予想できていなかった」「安全第一の意識が不足していた」等という「原因」が書かれていることが多い。

このケースは違っていたのだろうか…。

さて、我々は作業者心理に着目しているので、この状況において、「心の天秤」がどうなっているか考えてみよう（**図 3-20**）。

図 3-20　作業者の心理

「心の天秤」の右側、つまり安全意識、リスクテイクのブレーキに当たる部分には、どのような心理があるだろうか。

図 3-20 の作業者は、どんな「リスクテイキング」をしようとしていたかを考えて頂きたい。

そう、「インターロック殺しは危険」という心理が右側にくる（**図 3-21**）。

それでは「心の天秤」の左の皿、つまりリスクテイクの動機、アクセルに当たる部分には、どのような心理があるだろう。

現場にはいろんな「ひずみ」があった。「現場のひずみ」に対して、作業者がなんとかせねばと思ったとすると…。

図 3-21　作業者の「心の天秤」①

左側の5文字の方は「異物を除去」になる。「現場のひずみ」は、「異物」「テープに異物がついている」になるだろう。「異物」は、元々なくてよいもので、作業者は「異物」をなんとか除去しようとしていた。

　それでは、もう1つのアクセルはどうだろう（**図3-22**）。
　ここでもやはり、「現場のひずみ」が鍵を握っている。どのような「ひずみ」があって、作業者が「なんとかせねば」と思ったのだろう。

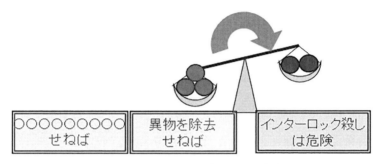

図3-22　作業者の「心の天秤」②

　例えば、「スケジュールを死守」せねば、と思ったのだろう。
　もう1つの「現場のひずみ」は、「スケジュールが遅れ気味」となるのではないだろうか。

図3-23　作業者の「心の天秤」③

　図3-23では「死守」を「挽回」に置き換えているが、意味は同じである。作業者は工期の遅れを気にしていたのだった。

長い前振りになったが、この状況で管理者がとるべき行動を選択肢にしてみた。図 3-24 の（ア）〜（ウ）のどれが一番適切だろう。

図 3-24　作業者がとるべき行動の選択肢

　まず、それぞれの選択肢が、「従来の安全活動」か「新たな安全活動」か、を確認してみよう。

　（ア）の対策は「インターロックの強化」なので、危険行為を禁止しているということで、「心の天秤」の右側に錘を追加している。ということは、「従来の安全活動」的発想の対策になる。

　（イ）の対策も「教育を徹底」と書いてあるので、安全意識の強化となる。つまりは、「従来の安全活動」的発想。

　（ア）（イ）は「動機」には一切手をつけてないので、作業者は納得できない。安全行動にデメリットを感じているだろう。「じゃぁ、手間をかけて、時間をかけて異物を取れというのか？それで、工期が遅れたら誰が責任とってくれるのだ？」という不満が聞こえてきそうだ。

　更に言えば、（ア）は、インターロックを強化しても、スケジュール遅延が酷くなった時は、なんとかしてそれを外してくるかも知れない。

　ということで、ここまでの検討で、消去法的に回答は（ウ）となる。

「関係各部門に相談する」。「新たな安全活動」はチーム戦だと言うものの、相談した結果、「現場のひずみ」や「動機」は除去／軽減できるのかと言われると、ちょっと微妙な気がする方もいるだろう。

　確かに、正解は（ウ）なのだが、その理由が問題だ。関係各部門に相談することが、「現場のひずみ」や「動機」の除去／軽減につながるのかということだ。逆を考えてみよう。

　どうなれば、「現場のひずみ」が除去／軽減できたことになるだろう。

　例えば、異物がなくなればよい。

　異物がなくなれば、「インターロック殺し」をする必要はなくなる。でも、異物は付いている。さぁ、どうしよう。

　異物を取らなくてもいいようにする！はどうだろう。

　異物を取る頻度を少なくするという手はあるのではないだろうか。例えば、小さな異物は取らなくてもよいとか。

　つまり、「除去が必要な異物の規格を見直す」という対策だ。

　ただ、現場でそれを判断できるだろう？規格を見直せるだろうか？

　答えは No だ。規格については設計部門でないと判断できない。

　そう、「関係部門」だ。

　関係各部門に相談した時、設計部門が「除去しなくてもよい異物」を設定してくれたら、現場としては大変助かるかも知れない。異物除去がなくなれば、異物起因のスケジュール遅延もなくなるので、「現場のひずみ」はすべて除去できる可能性があるのだ。

　しかし、すべてが小さい異物であればよいのだが、多分、規格見直しだけだと不十分なのだろう。「現場のひずみ」が軽減できたとしても、除去とまではいかない可能性が高い。

　規格見直しとか規格緩和で対処できるのは、大抵、10〜20％程度ではないだろうか。半分以上救えるようになる場合は、元々の規格がいい加減だった場合などに限られるのではないだろうか。

では、工期を延ばしてもらうというのはどうだろう。
　これも1つの対策になるだろう。これは現場で判断できるだろうか。

　これも答えはNoだ。プロジェクト部門や営業部門になるのだろう。工程を管理している部門かお客様の対応部門の判断が必要と思われる。
　やはり、現場としては「関係各部門に相談する」というのが第一歩になるのだ。対策としての工期延期は実現できそうだが、ペナルティが課される場合があるかも知れない。
　既出の車の速度超過の事例で考えると、事前にお客様に電話を入れる対策と同じだ。「現場のひずみ」を除去できないので、「ひずみ」の影響を軽減しようという考え方だ。お客様の都合もあるし、理解・協力が得られない場合は、ペナルティもあり得るだろう。

　やはり異物をなくすのが一番よい。材料のテープには異物が付いてないのだから、装置の中で付いていることになる。
　装置を改造していたら、やっぱり工期が延びるのではないかとの声もあるだろう。そうではなくて、最初から異物が付かないような装置を造るべきだったのではないかということだ。

　車の速度超過の事例で、もうひとつの対策があったのを思い出して頂きたい。前の会議で「事前に（途中退出の）断りを入れておく」だった。
　そう、「事前に装置を検証しておく」ということだ。そもそも、設計からの要求仕様で「異物なきこと」となっているのだから、装置も「異物が付着しない」ようにつくるべきだ。少なくとも、メーカーから装置を出荷する時、装置メーカーも受け取る側も確認しているはずである。問題が発生した（＝異物が付着している）ということは、その確認や検証が不十分だった可能性があるということではないだろうか。
　さすがに時間を巻き戻して対策することはできないので、この対策は「今後の教訓」となるのだろう。つまり、恒久対策として、以降の工事で実施されることになるのだろう。ただ、この「対策」をしっかり実施で

きていれば、「現場のひずみ」は避けられていたかも知れない。

　これで、全体像（＝リスクテイキングに至る経緯）や、どのような「現場のひずみ」があったのかをご理解頂けたのではないかと思う。ここで、この事例の"その後"に踏み込んでおこう。

　残念ながらこの事例では、作業者の手がローラーに巻き込まれて骨折するという災害が発生してしまうだろう。災害発生後の対策は、現場の作業者、管理者ではなく、部長でもなく、社長がトップダウンで決断、「工期延長（＝違約金支払い）」「装置改修」「異物に関する仕様見直し」を関係各部門に指示することになる。
　結果、異物は小さいものであれば許容できることが確認され、作業要領書の異物に関する要求仕様が見直される。また、装置を改修した結果、異物付着そのものが、ほぼ0となる。工期延長で、お客様への納入が遅れたため違約金が発生してしまうが、社長の経営判断として違約金を支払うので、以降の工事は、無理のないスケジュールで完遂することができるだろう。

　結果論的ではあるが、対策の内容を見ても、現場や作業を担当している部門だけでは対処できなかったのは明らかで、無視できなくなった「現場のひずみ」に対処するには、関係各部門一丸となったチームとしての活動が必要なのだ。

　ここまでのお話でおわかりかと思うが、現場の判断も大事なのだが、関係各部門の判断、協力も重要になってくる。災害の未然防止で大事なのは当事者意識であることは間違いない。しかし、この「当事者」というのは、現場の作業者だけではない。関係各部門も含まれるのだ。「安全は現場の問題」ではなく、関係各部門が「現場の安全確保」のために「自分達がやるべきことをやる」という意識が大事なのだ。
　とはいえ、例えば設計部門やプロジェクト管理部門の方々にとって、

何をどこまでやれば「現場の安全確保」になるのか分かり難いだろう。実際の話、明確な基準などはない。

　従って、1つの目安として、この事例のように、「現場からの相談」を受けた時が検討のタイミングになると考えるとよいだろう。

　ただし、現場が動いているということは、プロジェクトとしては、終盤に差し掛かっているはずだ。時間的な猶予は余りないはずなので、相談ごとの内容によっては、対応がかなり難しい場合もあるだろう。

　しかし、「現場のひずみ」を放置したままプロジェクトを続けると、「リスクテイキング」を誘発する可能性が高い。こういう状況こそ、どこか一部門（たいていは現場）がムリをするのではなく、関係部門が協力すべき時だという共通認識が生まれる事を期待したい。

　災害対策では、もう1つ重要なポイントがある。再発防止だ。

　「新たな安全活動」では「現場のひずみ」に着目している。「現場のひずみ」の再発防止のためには、このような事態になった原因の除去が必要である。そしてそれを、「しくみの改善」に落とし込むことが大事になってくる。そのためには、作業現場だけの問題と考えるのではなく、上流工程、関係部門も含めた調査・分析が必要となるだろう。

図 3-25　「現場のひずみ」と「しくみの改善」

「現場のひずみ」の再発防止とは、「従来の安全活動」で言うところの「背景要因」に切り込むということに近いのかも知れない。

　「従来の安全活動」では、どちらかといえば「背景要因」はアンコントローラブル（制御できない）と考えて、『"いかなる"「背景要因」があったとしても災害を防ぐ』という議論がなされていたかも知れない。

　結果として、実際事故が発生した時の「背景要因」だけではなく、"考えうる"「背景要因」を検討したりしていたので、議論が発散することもあったのではないだろうか。

　「新たな安全活動」においては、災害の要因となった「現場のひずみ」に的を絞って対処していく。的を絞ることで、より深く調査や議論ができるようになり、本質的な対策が打てると考えるのだ。

　事例に戻って「現場のひずみ」の再発防止対策を確認していこう。

　この事例の「現場のひずみ」は、「テープを装置にかけると、異物が付いてしまうこと」であった。頻繁に異物が付くので、それを除去するのが大変だったり、作業が遅れ気味になったりしていた。

　先の説明の中で、装置の事前検証が不十分だった可能性があることを確認した。では、なぜそうなったのだろう。

　たとえば、その後の調査で以下のようなことが明らかになったとしたらどうだろう。

　一応、装置を出荷する前の検証は、なされていたようだった。テープにかけるテンション（張力）の確認に加えて、異物発生状況も確認して「合格」となっていたようだ。しかし、検証にかけた時間は、計画していたものよりも大幅に短縮されたものだった。結果として、慣らし運転が不十分だったのである。と言うのも、事故発生後に、装置をメーカーに返送して、同様の検証をしてみたら、現場の状態が再現された、つまり、異物が頻繁に付着することが確認されたのだ。それで分解調査したところ、1つのローラーが原因であることがわかった。単なるガイドとして使っていたのだが、ある程度の張力がかかるし、テープとの相性もよく

なかったのかも知れない。新品状態だと大丈夫だったのだが、しばらく使うと表面が劣化した。このローラーを材質変更したところ、問題は解決した。

　ではこれは、装置メーカーの責任なのだろうか。
　細かい点は省略するが、調査の結果分かったのは、装置メーカーへの発注が1か月遅れていたということと、検証用のテープが十分確保できていなかったことだった。更に、装置発注が遅れた原因は、製品設計の遅れもあったようだが、製品製作の受注そのものが遅れていたので、受注時点でかなりスケジュールがタイトになっていたのだった。

　分析結果を聞いた社長が下した決断は、「受注時に開催する検討会で、スケジュールに無理がないことを確認し、無理がある場合は、注文を受けない（辞退する）」という仕組みを業務フローに追加した。従来は、スケジュールを確認していたが、何とかして納期に間に合うような作業計画を立ててしまっていたのだ。もちろん、辞退する前に納期交渉は行うだろう。それでも合意に至らなければ、経営判断として「辞退する」というものである。また、ホールドポイントで遅れが確認された場合は、そのままズルズル引きずるのではなく、スケジュールを見直すことにした。実は、後者は、すでに業務フローにあったのだが、形骸化していたところがあった。結局は、後工程にしわ寄せがいっていたのだった。

　参考までに、この事例で「異物なきこと」という設計からの要求仕様があったが、これも見直された。設計部門にとっては“安心”を確保できるかも知れないが、やはり現場にムリをさせる原因にもなり得るということで、きちんと設計的な検討をして許容値を示しなさいということになった。つまり、「異物なきこと」という文言は、原則使用禁止になったのだ。
　（＋異物仕様検討に時間を要するのであれば、それも工期に含める。）

予想以上に"踏み込んだ"対策ではないだろうか。

　なかなかの英断で、社長だからこそできた決断だったかも知れない。というより、事故が起こったからこそできた決断かも知れない。

　この事例で挙げられている「問題点」は、形態は違うにせよ、よく似た状況が各社の現場にあるような気がする。「後工程にしわ寄せがいく」というのは、"よくあるケース"であると思う。しかし、そこにメスを入れる対策が打てているのは稀ではないだろうか。

　仮想とはいえ、この事例では事故が発生してしまった。また、紹介した対策の数々は、事故が発生した後に打ち出されたものだ。再発防止には寄与すると思われるが、未然防止はできなかった。

　しかし、この事例では、再発防止策を検討したときの分析調査が「新たな安全活動」の視点に立って行われている。つまり、「インターロック殺し」という作業者の「行動」ではなく、その「動機」という作業者の「心理」に着目し、「頻繁に異物が付着すること（＝現場のひずみ）」が問題であったことに気づき、改善策が検討されたことが重要なのだ。結果として、改善の対象が現場に限定されることなく上流工程や関係部門に及び、抜本的な「仕組みの改善」になっている。これが「新たな安全活動」の目指すところなのだ。

　「理想は分かったが、実際にできるのか？」と疑問に思われる方も多いかも知れない。日々の安全活動の中で何をすればよいのか、どのように考えればよいのかについては、本書の後半部で紹介している。このとき、この事例の答えである「（ウ）関係各部門に相談する」が、重要なトリガー（きっかけ）になっていることもご理解頂けると思う。

　現時点では、どうすればよいかはなんとなく理解できた気がするが、「さぁ、やってみましょう！」と言われても、そのとおりにできるのか自信がないという感じではないだろうか。まだ先は長い。

3-4 まじめな人ほど要注意
～「動機」を後押しする「心」の反応～

　ここで少しだけ本題から逸れて、「認知的不協和」という心理学の理論について、軽く触れておく。現場の安全を考える上で参考になるだろう。

　「認知的不協和理」とは、矛盾する2つの状況から生じるストレス状態を低減させ、納得しようとする心理過程のことである。
　イソップ童話の「きつねとぶどう」が、よく引き合いに出される。ご存知だろうか？（「すっぱいぶどう」と言われる場合もある）

　きつねがおいしそうな葡萄を見つけた。しかし、食べようとして跳び上がっても、葡萄は木の高い所にあって届かないという話だ。
　この時、「おいしそうな葡萄だ。食べたい。」と、きつねは思うのだが、葡萄は高いところにあるので届かない。つまり、食べられない。という状況だ。この時、きつねはどう考えるだろう？という話だ。

　箱かなにか、足場を持って来れるとよいかも知れないが、さすがに擬人化をしているが、一応きつねなので、足場は持ってこれない。
　「仲間を呼んできて、協力してもらう」というのはどうだろう？
　仲間に横取りされるリスクもあるが、協力を得られても、それでもダメな時もあるだろう。ひとまず、なんとかして努力したのだけども、それでも取れないとわかった時にどう考えるか？という条件を付けてみよう。「食べたい」けど「食べられない」という状況である。

　「食べたくない！」と思うかも知れない。

　物語では、「きっとあの葡萄はすっぱくておいしくないに違いない」「だから、食べなくていい。」という負け惜しみを言いながら、その場を

立ち去る。

　実は、これが「認知的不協和」と呼ばれるものである。人は矛盾する2つの状況を認知すると、心の中でストレスを感じる。「食べたい」のに「食べられない」という状況では、心が「モヤモヤ」してしまう。そのストレスを低減させるために、「認知を変更する」というものだ。認知とは、「人間などが外界にある対象を知覚した上で、それが何であるかを判断したり解釈したりする過程」のことで、要は、実態はなんら変わってないのだが、心の中で判断や解釈を変更するということだ。先ほどの、「おいしくないに決まってる」というのも、本当はおいしいかも知れないが、「おいしくない」と判断しているということになる。認知を変更した結果、2つの状況に矛盾がなくなると、心はストレスから開放される。「おいしくない」、だから「食べなくてよい」のだ。つまり、「認知的不協和」とは「心の防御反応」であると言えるのだ。

　これは、アメリカの心理学者レオン・フェスティンガーによって提唱された理論である。その詳細は専門家の解説や報告でご確認頂ければと思う。本書では、この「心の防御反応」が、どのように災害発生に関わってくるのかに絞って考えていきたい。

　自動車運転の事例で、ドライバーは「矛盾する2つの状況」を認知していた。「認知1：遅れを挽回せねば」と「認知2：速度超過は危険」である。

　確かに、「遅れを挽回せねば」と「速度超過は危険」は矛盾している。だから、「心の天秤」の左と右にあったのだ。「リスクテイキング」の場面では、この認知的不協和の状態が存在している可能性が高いのだ。
　速度超過をしなければ挽回できないほど遅れているという状況では、認知1と認知2はまさに「矛盾する2つの状況」と言える。すると、ドライバーの心はストレスを感じてしまうので、「心の防御反応」が働くということだ。問題は、どのように認知を変えるかである。

例えば、もし、ドライバーが認知1を「認知3：遅れても仕方ない」に変更できるとしたらどうだろう。

　「認知3：遅れても仕方ない」と「認知2：速度超過は危険」は矛盾していない。従って、ドライバーは心のストレスを感じることなく安全行動（法定速度遵守）を選択できる。「速度超過は危険だし、遅れても仕方ないので、法定速度を守って行きましょう」ということだ。

　しかし、これではお客様との約束には間に合わない。

　人によっては、「遅れても仕方ない」という認知3を受け入れられないかも知れない。特に、次の約束が重要な会議であればなおさらである。

　安全担当の方には、「「遅れても仕方ない」を受け入れられません」とは言えないかも知れない。安全第一なのだから…。

　しかし、現実問題としては、客先対応をしている方などは、「認知3：遅れても仕方ない」を受け入れられない人もいるのではないだろうか。その場合、ドライバーは、「認知1：遅れを挽回せねば」は"変更不可"と信じていることになる。

　そして、認知1を変更できないのなら、ドライバーはどうするか？「認知2：速度超過は危険」の変更を試みるのだ。

　速度超過は危険なので、これを単純には否定できないだろう。いったん、「認知2：速度超過は危険」は正しいとしておく。

　では、「認知4：『速度超過＝事故』ではない」はどうなのだろう？速度超過したとしても、必ずしも事故になるわけではないので、正しい。

　更に、「認知5：法定速度内でも事故は発生する」はどうなのだろう？法定速度を守っていても事故は起きることがあるので、これも正しい。

　つまり、認知2、4、5を総合すると、「速度超過をしてもしなくても、事故が起こる時は起こるし、起こらない時は起こらない」ということになり、「速度超過したからといって、必ずしも事故が起こるとは限らない」という認知になってしまうのだ。認知2が変更できてしまった。こ

れだと「認知1：遅れを挽回せねば」とは矛盾しない。この結果、「速度超過をしても、遅れを挽回せねば」と考えてしまうのだ。

　これを「心の天秤」で考えてみよう（**図3-26**）。

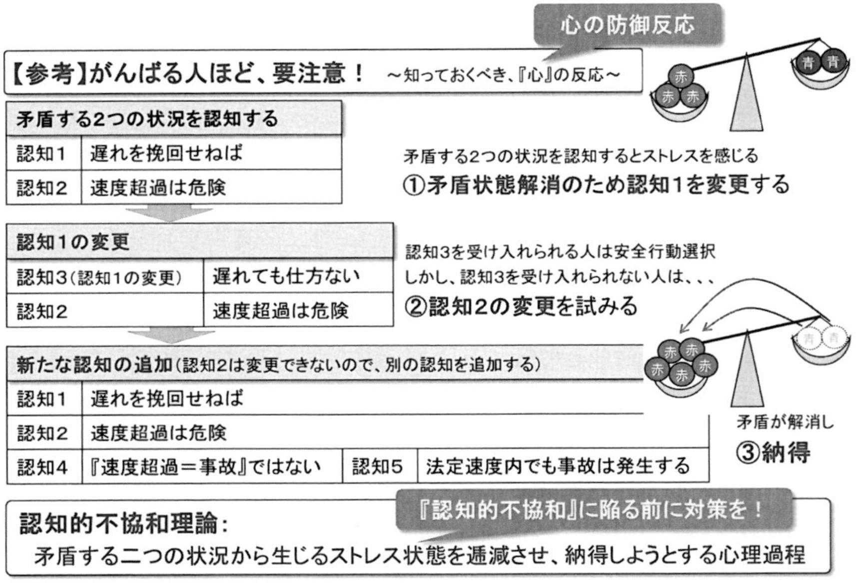

【参考】がんばる人ほど、要注意！　〜知っておくべき、『心』の反応〜

矛盾する2つの状況を認知する	
認知1	遅れを挽回せねば
認知2	速度超過は危険

矛盾する2つの状況を認知するとストレスを感じる
①矛盾状態解消のため認知1を変更する

認知1の変更	
認知3（認知1の変更）	遅れても仕方ない
認知2	速度超過は危険

認知3を受け入れられる人は安全行動選択
しかし、認知3を受け入れられない人は、、、
②認知2の変更を試みる

新たな認知の追加（認知2は変更できないので、別の認知を追加する）			
認知1	遅れを挽回せねば		
認知2	速度超過は危険		
認知4	『速度超過＝事故』ではない	認知5	法定速度内でも事故は発生する

矛盾が解消し
③納得

認知的不協和理論：
　矛盾する二つの状況から生じるストレス状態を逓減させ、納得しようとする心理過程

『認知的不協和』に陥る前に対策を！

図3-26　「心の天秤」と「認知」

　2つの認知が矛盾する状況というのは、まさに「心の天秤」でリスクテイキングの「動機」と「安全意識」がせめぎあっていて、天秤が左に傾くか、右に傾くかと状況と同じなのだ。つまり、当人の心にはストレスがかかっている。

　このような状況下で「心の防御反応」が作用すると、認知1を変更しようと試みる。しかし、認知3が受け入れられない場合、認知2の変更を試みることになる。

　「認知2：速度超過は危険」は、「心の天秤」の右側（ブレーキ）の皿に載っていた青の錘に相当する。これが「認知的不協和」により、「認知1：遅れを挽回せねば」と矛盾しなくなったとすると、赤の錘になり、左側（アクセル）の皿に移ったようになってしまうだろう。

これは、ストレスを取り除くために、つまり、自分を納得させるため、「動機」を強化、あるいは正当化しているように見える。別の言い方をすると、「動機を後押し」していると言えるのではないだろうか。

　災害調査などで「原因」欄に、「これくらい大丈夫だと思った」とか「自分は大丈夫だと思った」と書かれているのをよく見かけるのだが、筆者は、このような「心の防御反応：認知的不協和」が作用した結果なのではないかと考えている。

　「強化」というのは心理学用語なのでピンとこないかも知れないが、「正当化」であれば納得するのではないだろうか。「これくらい大丈夫」というのは、「だからやってもよい」となり、リスクテイキングを許容、正当化しているのだろう。正に、「動機」を「後押し」している。
　大事なことは、これは「動機の後押し」であり「リスクテイキング」の「動機」ではないということだ。つまり、「動機」は別にあるということなのである。
　そう！今までは、「これくらい大丈夫」を「動機」だと、誤理解されていた事例が多かったのである。
　実は、「これくらい大丈夫」が災害の主要因、またはリスクテイキングの「動機」だと考えてしまうと、被災者本人、またはリスクテイキングを行った人の意識の問題となってしまうので、背景に潜んでいたかも知れない「現場のひずみ」に到達することは難しくなってしまうのだ。つまり、原因の深掘りができなくなるのである。結果として、個人に対する教育、安全意識の徹底が、唯一の対策となってしまう。
　これが調査が前に進まず、再教育が定番の対策になっていたカラクリだ。

　裏を返せば、「動機の後押し」に惑わされることなく、「動機」を明らかにすることが大事であり、「動機」の元となった「現場のひずみ」を明らかにすることが大事なのだ。「動機」なのか、「動機の後押し」なのか、

このことを意識するだけで、区別するだけで、調査の切り口が変わってくる。

　このような「認知的不協和」は、まじめな人ほど、ベテランで経験豊かな人ほど、「なんとかせねば」と思ってしまう傾向が強いだろう。車の事例でも、「遅れても仕方ない」と思う人は、ストレスを抱え込まずにすんでいた。「遅れてはいけない」と思う人は、強いストレスを感じていたはずだ。

　「リスクテイキング」は「現場のひずみ」を無視できない、放っておけない、なんとかせねばという気持ちが「動機」だった。つまり、まじめな人ほど「動機」が強くなる。
　更に、「動機の後押し」もまじめな人ほど強く作用するとしたら…。
　「なぜ、ベテランが不安全行動をするのだろう」と思っていた方も、そのメカニズム、心理的なメカニズムがわかったように感じたのではないだろうか。
　災害が起こってしまった後に被災者に話を聞くと、「当時は「やらないといけない」という思いが強かったです。今思うと、なぜあのようなことをやったのか…」と話される時がある。正に「認知的不協和」に、はまっていたものと思われる。

　「認知的不協和」は自己防衛本能みたいなもので、無意識に自分を、というより自分の心を守ろうとするので、一度はまり込んでしまうとやっかいだ。作業者の方が「認知的不協和」に陥る前に、対策を打つことが大事になる。つまり、先手必勝だ。

　筆者がとある会合で、このような話を紹介した時、参加者の女性から次のような発言があった。
　「お話を聞いていて思い当たる節がありました。時々、塾帰りの娘を迎えに行くのですが、少し家を出るのが遅れた時、「慣れた道だから大

丈夫」と自分に言い聞かせて、すごく急いでいたような気がします。5分待たせたからといって怒る子でもないし、塾も近いので、飛ばしてもそれ程遅れを挽回できるわけでもないのですが…」

　娘さんを待たせたくないという想いが強かったのだろう。

　日常生活では、様々な人々がいる。生産現場ほど、ルールや規律がきちんと守られていないかも知れないので、違う部分も多々あるのだろうが、考え方は応用できるのではないだろうか。

　さて、ここでクイズで確認しておこう（**図 3-27**）。前述のクイズにも「認知的不協和」が作用していると思われる選択肢が含まれていた。
　選択肢（a）〜（c）のうち、「心の防御反応」に当たるものはどれだろう？
　「「認知的不協和」は、「動機の後押し」」というのがヒントになる。「動機」ではない。そして、「リスクテイキング」を正当化しているように見える時もあるだろう。

速度超過

ながら運転

(a)道幅が広い道路で安全だと思った
(b)出発が遅れたのを挽回したい
(c)昨晩食べたピザが美味しかった

(a)お客様を怒らせたくない（電話を無視して）
(b)話しながらでも安全運転できる自信があった
(c)黙って運転するのが寂しい

**『認知的不協和』は、「リスクテイキング行動」を後押ししているだけ
リスクテイキングの『動機』ではありません！**（＝災害の真の原因とは無関係）

図 3-27　「心の防御反応」はどれ？

リスクテイキング **速度超過**
動機の後押し
心の防御反応

(a)道幅が広い道路で安全だと思った

動機
(b)出発が遅れたのを挽回したい

リスクテイキング **ながら運転**
動機の後押し
心の防御反応

(b)話しながらでも安全運転できる自信があった

動機
(a)お客様を怒らせたくない（電話を無視して）

図3-28　図3-27の答え

　（a）〜（c）の選択肢の中では、左側・速度超過については（a）が、右側・ながら運転については（b）が、「心の防御反応（動機の後押し）」に当たるものとして、最も適切な選択肢になる（**図3-28**）。

　復習になるが、左側・速度超過の場合は（b）が、右側・ながら運転の場合は（a）が、「動機」であった。
　このような「動機」と「動機の後押し」の切り分けは、特に、災害発生時の原因調査で重要なポイントになる。「心の防御反応」、すなわち「動機の後押し」が作用することがあるということを認識して、「動機の後押し」に惑わされることなく、「動機」を的確に把握して頂きたい。

3-5 「新たな安全活動」のまとめ

　前半の締めとして、「新たな安全活動」の考え方をまとめよう。

　ヒューマンエラーを「意図する」「意図しない」という心理的な側面から分類することから始まって、「リスクテイキング」と「エラー」が「災害発生」に至るまでの「災害発生のしくみ」について説明した。「リスクテイキング」に至る要因の部分、すなわち、「現場のひずみ」や「動機」の所に着目して「リスクテイキング」を回避することで、「新たな安全活動」が展開できるのであった。その際、「心の天秤」によって、作業者心理がどのように揺れ動いているかも解説した。

　「従来の安全活動」では、「リスクテイキング」のブレーキに相当する「安全意識」を強化することで安全行動を選択するよう促していた。しかし、「現場のひずみ」や「動機」をそのままにしておくと、作業者は安全行動にデメリットを感じてしまう。

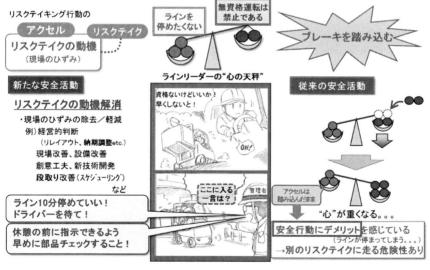

図 3-29　従来の安全活動（右）と新たな安全活動（左）

　それに対して、「新たな安全活動」は、「リスクテイキング」のアクセ

ルを緩めることで安全行動を選択してもらおうという考え方である。これは、「動機」を除去／軽減しようというものであって、そのために「現場のひずみ」を除去／軽減しようというものである（図3-30）。

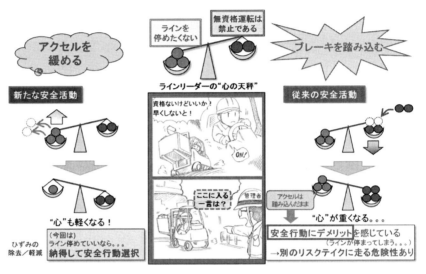

図 3-30 「新たな安全活動」への選択（心の天秤）

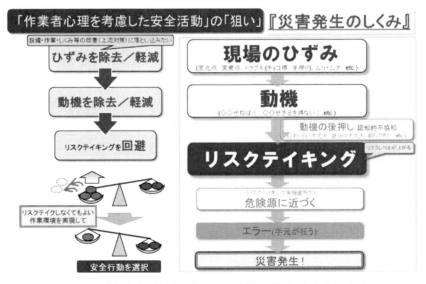

図 3-31 「新たな安全活動」への選択（災害発生のしくみ）

自動車運転の例でも確認頂いたが、一般的に、「動機」の除去／軽減、「現場のひずみ」の除去／軽減というものは、先手必勝であることが多い。つまり、時間的に早い段階で手を打つことができれば、効果的に、無理なく、「リスクテイキング」を回避できる可能性が高くなる。

　逆に、後手に回ると、焦りなどの心理的要因が大きくなってしまう。より大きな「リスクテイキング」に走ってしまう可能性もある。

　この時に作用するのが「心の防御反応」すなわち、「認知的不協和」というものだった。これは、「動機の後押し」として作用する。

　「認知的不協和」に陥ってしまうと、「これくらい大丈夫」と考え、「リスクテイキング」を正当化する気持ちがどんどん強くなってくる。悪循環になるので、注意が必要だ。

　"ひずみ"除去は『先手必勝』。是非、心に留めておいて頂きたい。

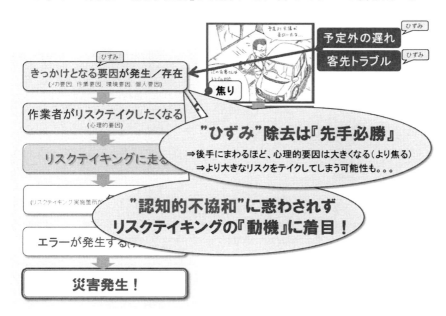

図 3-32　"ひずみ"除去は『先手必勝』

　もう1つ、留意すべき点をお伝えしておきたい。

　「事故を呼ぶリスクテイキング」という芳賀先生のDVDの中で、おっしゃっていた内容を紹介する。

リスクテイキング傾向が高い人をテストか何かで測って、職場か
ら排除しようというふうに考えるかもしれません。そうしたら、本
当に安全になるのでしょうか？しかし、もしそうすると、職場は活
気が失われ、新しいことに挑戦しよう、チャレンジしようという人
が一人もいなくなってしまうかもしれません。それでは、改善とか
改革とか、あるいは、新しい事業といったものが発展しなくて、企
業としては、必ずしも好ましいことではないでしょう。リスクテイ
カーは、ある意味ではチャレンジングな人たちなのです。ですから、
大切なことは、そういう人を排除しようというのではなく、本当に
危険なルール違反、不安全行動の背後にあるリスクテイキングのメ
カニズムをよく理解して、そういった行動がとられなくなるように、
みんなでそういった行動をやめるように、どういった対策をしたら
いいか、そういったことを考えることが大切なことだと思います。

〔出典：芳賀繁（監修）新・安全の人間学 PART II「事故を呼ぶリスクテイキング」
（株式会社ワイ・イーピー）より〕

　「ひと（リスクテイキング）が悪い」と非難・排除するのではなく、
チャレンジャーに頑張ってもらえるような「安全を確保した上でチャレ
ンジできる」環境作りを目指したいものである。

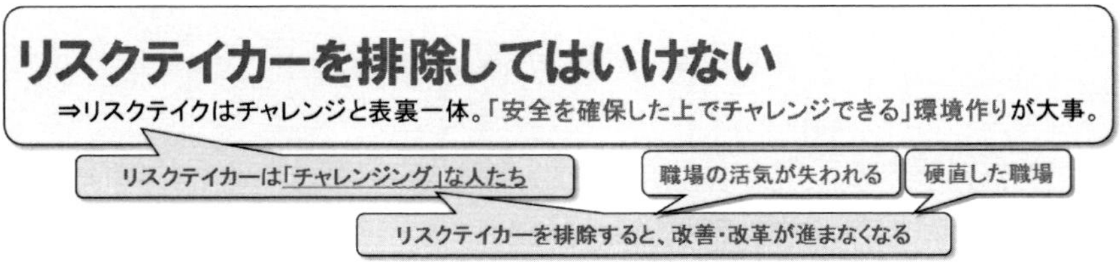

リスクテイカーを排除してはいけない
⇒リスクテイクはチャレンジと表裏一体。「安全を確保した上でチャレンジできる」環境作りが大事。

- リスクテイカーは「チャレンジング」な人たち
- 職場の活気が失われる
- 硬直した職場
- リスクテイカーを排除すると、改善・改革が進まなくなる

図3-33　リスクテイカーを排除してはいけない

　では、具体的にどうするのか!?　第4章以降で考えていこう。

3-6 「新たな安全活動」も大事、「従来の安全活動」も大事

第3章の最後に、一言だけ補足しておきたい。

「新たな安全活動」について述べてきたが、もしかしたら、「従来の安全活動」を否定しているように感じられた方もいるかも知れない。不快に感じられたのであれば申し訳ない限りだ。

しかし、筆者は、「新たな安全活動」とは「従来の安全活動」という"基礎"に追加される"新たな視点"だと考えている。つまり、「従来の安全活動」は、安全活動の基礎であると考えている。

残念ながら、安全行動をしていたにもかかわらず、災害に巻き込まれるケースもあるし、意図せず行った不安全行動が元となり災害が引き起こされるケースもある。後者は、「違反」のところでお話した「ルールを知らない」「ルールを理解していない」ということが要因となっている。これらは、「リスクテイキング」というよりも「エラー」である。「意図せず」行っているので、そのような場合には「心の天秤」は役に立たない。このような「エラー」を防止するためには、安全に対する正しい基礎知識を身につけることが必要であるし、安全意識の向上が重要となる。

様々な現場で災害が減少できているのは、「従来の安全活動」が浸透しているからに他ならない。しかし、災害が「0」にならないのは、災害が「高度化」しているのではないだろうか。つまり、災害の要因として色々な要素が絡んでいるのではないかと思う。納期、コスト、技術、品質…。現場に求められるものは多岐に渡っており、作業者にかかるプレッシャーは昔よりも大きくなっている。そして、作業者の心理状態が無視できなくなってきている。

「新たな安全活動」「従来の安全活動」どちらか一方だけではダメで、両者を上手く使い分けることがポイントになっていくだろう。

「新たな安全活動」も大事、「従来の安全活動」も大事。すなわち、「新たな安全活動」と「従来の安全活動」は両方必要なのである。

第4章

「新たな安全活動」の基本と注意点

4-1 「新たな安全活動」に必要なもの

ここまでで、「リスクテイキング」とは何か、「リスクテイキング」が災害にどう関係しているか、そして、なぜ、「リスクテイキング」をしてしまうのかなどについて考察してきた。更には、どうすれば「リスクテイキング」を回避できるのかについても述べた。それは、従来の教育や禁止ではなく、「動機」や「現場のひずみ」を除去／軽減するという考え方であった。

"狙い"は定まった。「現場のひずみ」や「動機」を見つけ出して、叩けばよいわけだ。

しかし、単純に「すぐできます」とはならない。

「現場のひずみ」はあちこちにあり、全て対処するというのは難しい。災害に結びつく「ひずみ」なのか、無視してもよいレベルの「ひずみ」なのかがわかればよいのだろうが、『あれが災害にむすびつく「ひずみ」だったのか』と気づくのは、災害が起こった後であることが多いのではないだろうか。

実際、過去の災害でも、作業者が「リスクテイキング」を行っていたことがわかるのは、たいてい災害発生後なのである。

同様の事象で困っている現場も多いだろう。作業者が黙って（＝報告せず）、「リスクテイキング」を実行してしまうので、周囲が気づけていないケースだ。これまでは、黙って「リスクテイキング」を行うのは、安全意識の欠如だと考えられていたので、対策として再教育を行っていたのだろう。「新たな安全活動」の考え方では、作業者は「現場のひずみ」に気づいてなんとかしようとした、と解釈する。そしてリスクを自分一人で抱え込んでしまったのが原因だ。

現場では、何か問題があれば報告するように教育していたはずなので、それでも黙ってやってしまうというのはなぜだろうか。現状を変えるのは難しいと感じる方も多いのではないだろうか。

　「リスクテイキング」も「現場のひずみ」も、表に出てくれば対処できる可能性がある。現場の改善能力は非常に高いので、大抵の課題・問題は、解決できてしまうかも知れない。解決できなかったとしても、影響を低減させるような工夫ができるように思う。

　しかし、裏を返せば、表に出てこなければ、対処のしようがない。表に出てくるようにしなければ、何も変わらないと言っても過言ではないのだ。

　つまり、どうすれば、災害発生前に対処すべき「現場のひずみ」を見つけられるか、という点が次の課題である。

　「リスクテイキング」が事後に明らかになる度に、「職場の風通しが悪かったのだ」という反省がでたり、「何でも話せる職場環境をつくろう」というスローガンを掲げる職場も多いのではないだろうか。しかし、具体的に何をどうすればよいのだろう。結局は、職場にスローガンを掲示するところまでで終わっているのではないだろうか。これまでも色々と工夫されただろうし、"とりあえず"のルールが増えただけで、息苦しくなってしまった職場もあったのではないだろうか。

　「具体的に何をどうすればよいのか」である。

　一体、何が課題なのだろう？

　ここからは、「新たな安全活動」を実践する上で重要となる「注意点」と「基本」の考え方を、その背景となる作業者心理とともに紹介していきたい。

　ここでも作業者心理に着目する。目のつけ所が変わると、作業者も管理者も意識が変わってくる。

　新たな「基本」の考え方と「注意点」を踏まえて、それぞれの職場で「具体的に何をどうすればよいのか」を考えていきたい。

4-2　基本①：リスクは常に変化する

　安全に関する国際規格として、ISO/IEC Guide 51 がある。安全規格を策定する際の基準となるガイドラインであり、ここに「安全（Safety）」の定義が書かれている。

安全（Safety）：
　「受け入れ不可能なリスク」から解放されていること
　　Freedom from unacceptable risk

　国際規格でも、リスク「0」を求めているわけではない。
　リスクアセスメントでリスクが受容可能か不可能かを判断し、受容不可能なリスクについては、対策を講じて受容可能、許容可能、無視可能なレベルにリスクを落とすという活動が、多くの職場で実践されている。ところが、困ったことに、「受容できる／できない」の境界線は見えない。人によって、状況によって変わっているかも知れない。客観的なように見えて、主観的なのだ（**図 4-1**）。

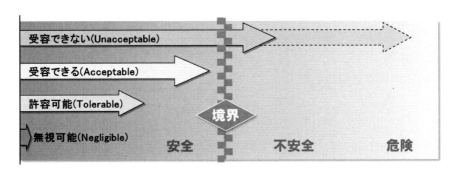

図 4-1　リスクの受容境界線

［参考］
　ISO：国際標準化機構（International Organization for Standardization）
　　1947 年に創設された非電気分野を専門に扱う標準化機構。

IEC：国際電気標準会議（International Electrotechnical Commission）
1908 年に創設された電気・電子分野を専門に扱う標準化機構。

　冷静に考えれば、国際規格というのは「概念」や「考え方」を示して
いるだけなのだが、客観的かつ定量的な定義をしていると"思いたい"
方々が多くいるかも知れない。と言うのも、この国際規格の定義を紹介
すると、「この図にある境界は、どこにあるのですか？」とか「受容でき
る／できないは、どのように判断するのですか？」と、聞かれることが
多いのだ。その時、逆に、「あなたはどう考えますか？」と、聞き返して
みるのだが、「それがわからないから苦労しているのですよ。」という答
えが多いように思う。結局、国際規格の定義は、客観的かつ定量的な指
標ではないということだ。ただ、日々の安全活動において、客観的かつ
定量的な指標であるかのごとく扱っているということではないだろうか。
　安全対策の現場確認等で、「これは受容できますか？できませんか？」
と現場の方々に聞かれても、安全を所管する部門の方は答えに窮するの
ではないだろうか。そのような時は、「受容できるかできないかは、私
ではなく、皆さんが判断するのです。」と答えことが多いだろう。
　多分、現場の方々は、「これは受容可能ですね。大丈夫ですね。」と、
彼らの対策にお墨付きを与えて欲しいのであろうが、それはできない。
そのような発言をした翌日に事故が起こってしまったら、責任問題にな
りかねないからだ。
　「受容できる／できない」というのが、客観的かつ定量的な指標には
なり得ないのは周知ではある。「受容できる」「受容できない」の賛否が
分かれる時もある。しかし、管理する立場からは、あたかも客観的かつ
定量的な指標のように扱っている、というのが現実ではないだろうか。

　言い換えると、「判断できる基準が必要」ということであり、その基
準は固定的で客観的であって欲しいと思われているのではないだろうか。
　しかし、そんな固定的で客観的な基準はあるのだろうか。

固定的で客観的な判断基準なんてないのかも知れない。

　実際、安全活動が、客観的か？定量的か？と言われると、実際には難しいのではないだろうか。現場で指導する時には、「リスクの高いところは、誰が見てもリスクが高いでしょ。」と、客観的、定量的に判断できると言えるだろうか。

　ここで言いたいのは、「受容できる／できない」を論じている国際規格の定義の問題ではなく、それを説明する図（図 4-1）によって誤解が生まれているということ。実際、世の中には様々な説明図があるが、その図によって、判断基準が固定的で客観的なように伝わっているのかも知れないということだ。

　「受容できる／できない」の判断も、判断の対象となるリスクも、固定的で客観的なのではないと考えてみてはどうだろう。

　「新たな安全活動」では、**「リスクは常に変化する」**という概念が重要と考える（**図 4-2**）。

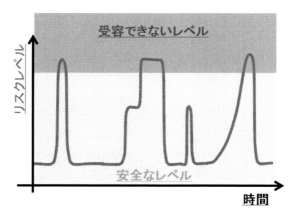

図 4-2　リスクは常に変化する

　いきなり、"結論"から述べたが、説明を加えたい。

　災害が何度も繰り返し発生する場所があったとする。リスクレベルの

高い場所に違いないだろう。でも、そういう場所であっても、毎日災害が発生するかと言うと、そうでもない。逆に、災害が発生しそうにない場所で、意外と大きな、甚大な災害が発生することもある。

　「場所」は変わっていない。ということは、どういうことか？これは単に、「場所」によってリスクレベルが一定ということではなくて、リスクレベルは、常に変化しているということではないだろうか。

　つまりは、「少し前に安全でも、今が安全とは限らない」と言えるし、逆に「危険ではない時に警戒していても意味がない」ということではないだろうか。

　これを認めると、安全対策は意味がないという極論が出るのではないかと、不安に思う方もいるかも知れない。

　そこで例えば、道路で考えてみよう。時間帯によって、交通量も違うし、日光が眩しかったり、逆に夜中真っ暗になったりもする。更に、日によって天気や気温も変わる。これらなば、1つの場所でもリスクレベルが変動することが、容易に想像できるだろう。

　工場の現場でも色々な変動要因はある。
　リスクアセスメントをして、対策を施して、リスクレベルを下げて、「対策を打ったから大丈夫！」ではない！ということなのだ。

　「対策してもリスクレベルは下がらない」と言っているわけではない。リスクを下げた後にでも変動するということ。そして、何かの要因で "ぐぐぐ" っと、リスクレベルが上がってしまうと、「やばい状況」、つまり、「受容できないレベル」になってしまうのだ。更にちょっとしたきっかけがあると大事（おおごと）＝事故になるということである。

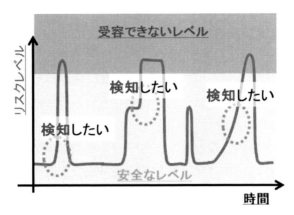

図4-3 「リスクレベル」の変化と「検知」したい状況

　逆に、「『やばい状況』を大事（おおごと）になる前に検知」できれば
よいということになる。ちょうど、リスクレベルが立ち上がるところ、
図4-3の点線〇印で示す部分が検出できれば、災害が防げる可能性があ
るということだ。

　しかし、概念的には理解できても、具体的に何をすればよいのか？
　ヒントになるのは、**「リスクレベルを上げる」**というキーワードだ。
聞き覚えはないだろうか？
　例えば、忙しい時。荷物が到着した時などは、物があふれて、通路が
狭くなるのでリスクレベルが上がるかも知れない。

　「リスクレベルを上げる」を、本書に出てきた別のキーワードで、深
掘りしていこう。

4-3　基本②：災害未然防止の鍵は「リスクレベルが上がる時」

　2-4節を再度確認頂きたい。そこでは、「リスクテイキング」の「真の怖さ」について説明し、「エラー」と「リスクテイキング」の関係についても紹介した。

・意図しないエラーの確率を増やす。
・エラーが事故に結びつく確率を増やす。
・事故が起きたときの被害を増やす。
・事故防止対策を無力化する。

　更に、「リスクテイキング」の真の怖さは、「リスクレベルを上げる」ことであると述べた。

　また、前節では、リスクレベルが立ち上がるところ、図4-3の点線○印で示す部分について考えていた。そして、「リスクテイキング」はリスクレベルを上げる行為であると説明した。

　つまり、この2つのことから、「リスクレベルが立ち上がる部分」というのは、「リスクテイキング」が行われている状況、または、「リスクテイキング」が行われようとしているという状況であることがわかる。

　たとえば、会議で出発が遅れたので、約束に間に合うようにスピード違反をするとすれば、リスクレベルは上がるだろう。これは、図4-3で照らせば、2つ目の○印の部分になる（**図4-4**）。

　会議が終わったばかりの状態はリスクレベルが一番低い状態であるが、車を運転するだけでリスクレベルは上がる。しかし、その時点では受容できる安全レベルである。ここで、遅れを挽回しようとアクセルを踏み込むと、リスクレベルが受容できないレベルにまで到達してしまうというわけである。

図4-4　図4-3の2つ目の検知ポイント

　「何らかの事情で、インターロックを外して動作している装置の中に手を入れた場合」でも、リスクレベルが上がるだろう。これは、図4-3に照らせば、1つ目の○印の部分である。行動後にリスクレベルが一気に上昇しているからだ（**図4-5**）。

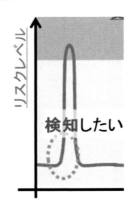

図4-5　図4-3の1つ目の検知ポイント

　3つ目の○印近傍は、だんだんと仕事が忙しくなった時と考えてみるとどうだろう？「もうムリ！」という状況で、オーバーロードの状況で頑張るのは、ある意味「リスクテイキング」ではないだろうか。

　もちろん、リスクレベルが受容できないレベルに到達したとしても、それが、即、事故や災害になるというわけではない。そこに「エラー」

が絡むと事故や災害になってしまうのだ。

これで「災害発生のしくみ」と繋がった。

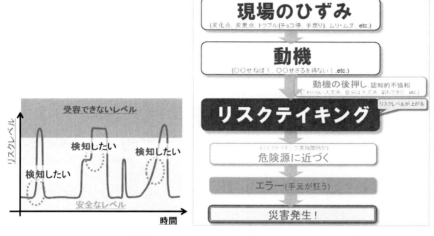

図4-6　「検知」したい状況と「災害発生のしくみ」

　「災害発生のしくみ」と「リスクレベル」の図を**図4-6**のように並べ
てみると、両者が密接に関係していることがわかるのではないだろうか。
　「災害発生のしくみ」における各フェーズでのリスクレベルが図式化
できるとすれば、このような感じになるのかも知れない。
（但し、リスクレベルの図は、あくまでも「イメージ」である）

　ここで、「災害発生のしくみ」について、少し補足をしておきたい。
　「エラー」は「リスクテイキング」の後に発生すると、単純化して説明
してきたが、実際は少し異なる。正確には「エラー」の前に「災害に直
結する」という前提がある。つまり、「災害に直結するエラーはリスク
テイキングの後に発生する」が正しい。

　ご承知のとおり、「エラー」は意図せず発生するものなので、「リスク
テイキング」をしていようが、していまいが、「エラー」は発生する。イ

ンターロック殺しをしていても、していなくても、工具を落としてしまうことはある。

　しかし、インターロック殺しを行う前に、手を滑らせて工具を落としても、つまりは、リスクレベルが一番低い時にエラーを起こしても、災害にはならない。

　それに対して、インターロック殺しを行っている時、装置に手を入れて作業をしている時に工具を落としたら、つまりは、リスクレベルが受容できないレベルの時にエラーを起こしたら、災害に至る確率は、かなり高いのである。

　つまり、「エラー」が発生した時のリスクレベルが重要なのである。そして、リスクレベルを押し上げるのが「リスクテイキング」なのだ。

　更には、「リスクテイキング」を重ねるごとに、「エラー」が発生する確率は上がっていき、事故が発生した時の被害の程度がひどくなる。となれば、やはり、「『やばい状況』を大事（おおごと）になる前に検知」したい。

　リスクレベルが立ち上がるところ、つまり、「リスクテイキング」が行われている、または「リスクテイキング」が行われようとしているという状況こそを検出したいのだ。

　しかし、「リスクテイキング」は、黙って行われることが多い。上長に、「今から、リスクテイキングやります！」と宣言してから「リスクテイキング」する人は少ない、いや、いないのではないだろうか。

4-4 基本③:「やばい状況」に気づくこと、情報共有すること

　先にも述べた通り、やはり災害が発生してから、「リスクテイキング」が行われていたことがわかるケースが多い。それどころか、「リスクテイキング」が行われていたと思われるケースで、被災者に確認しても、「何もしていません」の一点張りということもある。事後ですらそうなので、災害が発生していない段階で検出するというのは、とても難しいと感じる。

　実際、これは多くの現場が抱えている問題と言えるのかも知れない。ポイントは、2つあるだろう。

1つ目は、「リスクテイキング」に気づくことができるのか?

2つ目は、「リスクテイキング」の情報を共有できるのか? である。

　結論から言うと、「できる」と考えている。

　いずれも、詳細は後ほど説明するので、まずは、概要を説明する。1つ目の「リスクテイキング」に気づくことができるのか?であるが、実は、被災者の方々に話を聞いたところ、多くの方々は、「リスクテイキング」を認識していた。明確に認識されていた方もいたが、「そう言われてみれば」という方もいた。これは、やはり、「リスクテイキング」は「意図的」であるからだと考える。

　例えば、被災者が「手順をよく理解できていない」ということを自覚している事例があった。初めて行う作業だったのだが、被災者が先輩に質問して手順を確認しようとしたが、そんな時に限って先輩が忙しそうだった。それで、質問を遠慮して、自身の判断で作業を継続したというものだった。この事例では、「手順を理解していない状況で作業を継続する」という「リスクテイキング」を行っていたわけである。当然、「意図的に」行われていた。

しかし、「そう言われてみれば」という方もいた。それは、災害発生前に、「リスクテイキング」を認識していたと言えるのだろうか。

　ポイントは、「リスクテイキング」を正しく理解していなかったことになる。

　例えば、先ほどの事例では、先輩に遠慮して確認せずに作業を継続したことは「不安全行動か」と被災者の方に尋ねたのだが、答えは「No」だった。正確には、『今思えば、先輩の作業を中断することになったとしても、作業内容を確認すればよかったなと思うのですが、その時は、邪魔をするのが申し訳ないと思ったので、できるところまで自分でやろうという選択になりました。「不安全行動」とは思っていません。』という答えだった。

　念のため、わからないことがあったら聞くようにと、先輩に言われていなかったかと確認したが、「言われてはいましたが、もう少し自分で頑張ってみようと思いました。」という答えだった。

　そこで、後述する"正しい「リスクテイキング」"について説明したところ、『そう言われてみれば「リスクテイキング」ですね。』となった。災害発生前には、当然、「リスクテイキング」という言葉すら知らなかったので気づきようもなかったのだが、もし、事前に知っていたら、「気づけたと思います」とのコメントも出てきた。

　この事例でも、被災者の方は、「先輩に質問すべきタイミングである」ことには気づいていた。でも、聞かなかった。更には、**自分は「不安全行動」はしていない**」と自分に言い聞かせていた、つまり「認知的不協和」が作用していた可能性がある。

　「リスクテイキング」が「意図的である」ということは、災害発生前に検出できる可能性があるということだ。作業者一人ひとりがセンサとなって、「意図的なリスクテイキング」を検出する（＝「リスクテイキングに気づく」）ことが、１つのポイントになる。しかし、「やっていない」と自分に言い聞かせてしまうと、つまり、「リスクテイキング」をしていることを自身が受け入れられないと、「気づいていない振り」をして

しまうのである。しかも、無意識に…。

　しかし、「リスクテイキング」を正しく理解できていたなら、認知的不協和を回避でき、「リスクテイキング」に気づける＋それを受け入れられるようになる可能性があると考えられる。これは4-6節で詳述する。

　次に、2つ目の「リスクテイキング」の情報共有について述べる。過去災害の調査で話を聞いた被災者は、情報共有をしていなかった。前述の「先輩に質問せずに作業を進めた事例」でもそうだった。また、「リスクテイキング」を明確に自覚していた場合においても、黙って「リスクテイキング」していた事例が多い。そして、災害が発生した。

　「リスクテイキングに気づく」ことは、必要条件ではあるものの、十分条件ではない。「リスクテイキング」を黙って行われると、現場としては、手の打ちようがない。残念ながら、気づくことができるのは本人だけである。別の言い方をすると、「判断基準」は主観でしかない。周囲の人間が気づくことは、かなり難しいのだ。

　逆に、おおごとになる前に情報を共有できれば、課題が明確になる。現場に潜む課題（＝「現場のひずみ」）さえわかれば、何らかの対策が打てる可能性が出てくる。つまり、災害の未然防止のためには、「リスクテイキングに気づく」ことと「情報共有」が、必要十分条件になる、ということである。

　だから、管理職は、口をすっぱくして言っている。「報・連・相」が大事だと。何かあったら、すぐに報告して欲しいと。なのに、なぜ、黙ってやるのだろう。

　実は、この答えも、「「リスクテイキング」を正しく理解していれば、情報が共有できる」。ただ、1つ目とは主語が違う。

　「リスクテイキング」に気づくには、作業者に「リスクテイキング」を正しく理解してもらう必要がある。そして、その情報を共有できるようにするためには、管理者が「リスクテイキング」を正しく理解する必要

がある。これについては、4-7節で説明する。

　念のため、もう一度「新たな安全活動」の狙いを確認しておこう。
　「『やばい状況』を大事（おおごと）になる前に検知」したい。リスクレベルが立ち上がるところ、つまり、「リスクテイキング」が行われている、または「リスクテイキング」が行われようとしているという状況を検出したい。**「リスクテイキング」があるのならば、「動機」や「現場のひずみ」があるはず**だからである。
　これを念頭に置いて頂きたい。

4-5 「正しく理解する」ことで、何がどう変わる?

　「リスクテイキング」を正しく理解するとは、どういうことだろう。ここで、もう一度整理しておこう。

- ・「リスクテイキング」は意図的である
- ・「リスクテイキング」だけでは災害にはならない（軽くみられがち）
  （しかし、「リスクテイキング」によって、リスクレベルが上がる）
- ・「リスクテイキング」には、合理的な理由、目的・目標があり（動機）、「動機」の要因は「現場のひずみ」である。
- ・「現場のひずみ」が無視できなくなった時、なんとか対処しようとした人が、リスクを背負い込み「リスクテイキング」を行う
- ・投資や経営判断も「リスクテイキング」の一種である
- ・「リスクテイキング」する傾向がある人を排除してはならない
  （職場が硬直して、改善・改革が進まなくなる。
  「リスクテイキング」しなくてもよい作業環境を目指すべき。）
- ・「現場のひずみ」や「動機」を除去／軽減することで、
  「リスクテイキング」を回避することができる

　ご自身の理解と合っているだろうか?
　では、ここに書かれている内容のうち、どの項目が「リスクテイキング」を正しく理解するのに必要なのだろう?

　読者の中には、「リスクテイキング」と「不安全行動」は、少し違うところがあるが、結局は同じなのではないかと思っている方もいるのではないだろうか。そういう方々には、「心の天秤」の話や、「現場のひずみ」を除去することが大事という話は、賛同頂けたのではないだろうか。ただ同時に、これらの対策は自社でもすでにやっているような気がしているかもしれない。自社の活動と言い方が少し違っているだけのような気がする、と思われたのではないだろうか。

「リスクテイキング」の定義や、「動機」や「現場のひずみ」というキーワードは、漠然と思っていたことを可視化してくれる。「認知的不協和」の理屈もわかったことで、不可解と思っていたことがとても納得できる。とはいえ、まだ、もやもやしているものがある…、という具合に。

　これまでは、いわば現象面や論理的な側面、言葉の定義などの、どちらかというと「行動」や「因果関係」の面を中心に述べてきた。「心理」の話も出てきているが、「行動」を裏付けるための「心理」が中心であった。「方法論」と言っても良いのかも知れない。
　しかし、「リスクテイキング」を正しく理解するためには、やはり、「作業者心理」が無視できない。「心理」と言っても、「感情」に近い部分だ。作業者が「リスクテイキング」にどのような「印象」を持っているか、その「印象」によって「行動」がどのような影響を受けるのか、という部分にさらに踏み込んで行きたい。
　筆者は、「方法論」は対策を立案する上でとても大事だと考えている。そして、その対策を有効に機能させるために「感情」面の理解が不可欠だとも考えている。

　前置きが長くなったが、「リスクテイキングを正しく理解する」の話に戻ろう。最初に、キーワードとポイントを説明したい。

　まず、キーワードは、
「リスクテイキングはチャレンジ（含む、改善・改革）と表裏一体」
である。
　このように書くと、このキーワードは「リスクテイキング」を奨励しているのか！とお叱りを受けるかも知れない。
　「チャレンジ」は、どの職場でも奨励しているだろう。それと表裏一体ということは、「頑張ってリスクテイキングしよう！」と聞こえるからだ。
　しかし、筆者の言いたいことは、その逆だ。「チャレンジ」と思いなが

らやっていることも、実は、「リスクテイキング」かも知れないよ。だから、気をつけましょう。というのが、キーワードの主旨である。

これは、イチ・ゼロではなく、曖昧だと考えて頂いた方がよいかも知れない。もちろん、「チャレンジ」は必要である。改善・改革が進まないと困る。同時に、「リスクテイキング」は思い留まって欲しい。リスクレベルが上がってしまう。しかし、実際のところ、「チャレンジ」と「リスクテイキング」の境界は曖昧なのだ。ここまでは「チャレンジ」、ここからが「リスクテイキング」と、はっきり識別することは難しいのである。

この辺りから「従来の安全活動」とは「着眼点」が大きく変わっていくと言えるだろう。

次にポイントは2つある。
・1つ目が、「リスクテイキング」は「通常業務から逸脱」したものではなく、「**通常業務の延長線上**」にある
・2つ目は、『「リスクテイキング」＝「悪いこと」』**では"ない"**
である。

以降の話では、「従来の安全活動」と対比させて説明する。例として「リスクテイキング」を挙げる時、「従来の安全活動」視点では「不安全行動」と呼び、「新たな安全活動」視点では「リスクテイキング」と、意識的に呼び分ける。

「従来の安全活動」では、「不安全行動」は「通常業務から逸脱」した行為と捉えられてきたのではないだろうか。
確かに、「手順には無いこと」「ルールから外れたこと」というのは、逸脱した行為と言えるだろう。
ところが、実際は、「通常業務の延長線上」に「リスクテイキング」があることが多いのだ。

例えば、スピード違反は「リスクテイキング」だが、法定速度で走っている場合と、何がどう違うだろう。

　制限速度50 km/hのところを、100 km/h超で走っているのであれば、さすがに危険な運転であり無謀だろう。誰もが、「通常業務から逸脱」した行為と指摘するだろう。では、55 km/hだとどうだろう？ 60 km/hだとどうだろう？急いでいる時、少し制限速度をオーバーするかも知れない。「車の運転」が「通常業務」だと考えると、「通常業務の範囲内」だと考える人が居るかも知れない。つまり、「不安全行動ではない」と考えてしまうかも知れないということだ。

　しかし、「通常業務の延長線上にリスクテイキングがある」であればどうだろう。55 km/hや60 km/hは「通常業務範囲内」と思いたくても、「リスクテイキングしているかも」という考えが頭を過らないだろうか。

　例えば、業務中に後輩から質問を受けて、それに答えたとしよう。この行為は「リスクテイキング」だろうか。

　普通、「通常業務」と考えるだろう。

　では、今から出張で、電車に間に合わせるにはすぐ出発しなければならないという状況で、後輩の質問に答えていたとしたらどうだろう（**図4-7**）。

図4-7　ある出張前の場面

安全の観点から言えば、「リスクテイキング」ではない。とはいえ、質問に答えることで出発時間が遅れるので、「現場のひずみ」になる。そして、遅れを挽回するために「リスクテイキング」しそうだ。

　確かにこの場面は、安全の観点から言えば、「リスクテイキング」とは言い難い。しかし、「現場のリスク」は「災害リスク」だけでは"ない"。

　この先輩は、出張先に遅れて行ってもよいのだろうか？

　相手にもよるかも知れないが、普通は約束の時間までに到着するべきであろう。相手がお客様なら、遅れるというのは失礼に当たる。

　つまり、約束の時間に遅れるかも知れないということは、先輩にとっては「リスク」であり、先輩にとっては無視できないものであるに違いない。

　「遅れるリスク」に着目すると、出発間際に後輩の質問に答えるという行為はどうだろう。

　電車に乗り遅れるリスクをとって、後輩の質問に答えているので、「リスクテイキング」と言えるだろう。

　しかし、後輩の質問に答えるというのは「通常業務」である。

　「状況」が違うのだ。質問に答えるという「通常業務」が、状況によっては、「リスクテイキング」になってしまうということなのである。

　「リスク」とは言っても、「災害リスク」ではないので、一見関係なさそうだが、出発が遅れるので、「現場のひずみ」にはなり得る。更に言えば、災害の観点からも、結果的にはリスクレベルが上がりそうだ。

　このケースは、現場でもよくあるパターンである。

　この後に、「駅まで走った」「駅の階段を駆け下りた」「駆け込み乗車をした」という行為があるので（**図 4-8**）、「従来の安全活動」では、それらを「不安全行動」と捉えて議論することが多かった。禁止事項として、普段から「やってはいけませんよ」と言っている「駆け込み乗車」

が行われて災害に至ったのであれば、対策は安全意識の再徹底となり、「再教育」が行われるだろう。

　しかし、予定通りに出発していれば、走る必要もなく、ゆっくり歩いて乗車できたはずなのだ。なのに、「なぜ、出発間際に後輩の質問に答えたのか」という点が議論されることは稀だったり、問題点として取り上げられることも少なかったのではないだろうか。対策として、「時間に余裕を持って出発する」という案が出るかもしれないが、対策というよりは、「努力目標」的な位置付けだったのではないだろうか。従って、それ以上深い議論は行われないのではないだろうか。

図4-8　出張前の出来事で生じた「不安全行動」

　一方、「出発間際に後輩の質問に答えた」ことが「リスクテイキング」「現場のひずみ」だと考えるのならば、議論の内容や方向性は大きく変わってくる。

　まず、「動機」と「現場のひずみ」を考えよう。

　「動機」としては、「後輩に嫌われたくない」とか、「後輩が質問してきたので、答えてあげたいと思った」とか、最近だと、「無視したら、パワハラと言われるかも知れないと思った」があるかも知れない。

　では、「現場のひずみ」はどうだろう。

　「出発間際に呼び止められた」ことになるだろう。

　この出張に行こうとしていた先輩は、電車に間に合うように会社を出る段取りをしていたはずだ。ギリギリになってしまったとはいえ、予定

通り出発していれば問題なかったはず。ということは、「出発間際に呼び止められた」ために、ひずみが生じたと言える。

　となると、対策、つまり「動機」や「現場のひずみ」を除去／軽減するための手段はどうなるだろう。

　「動機」そのものの除去は難しいかも知れない。

　しかし、「メールか電話でもいい？」と相談するか、「後で返信するか電話するから、用件をメールで送っておいてもらえる？」と後輩に断りを入れて出発すると、どうだろう。

　「すぐに答えられない」という点は心に引っかかるかも知れないが、無下に断っているわけではないし、後で対応するので、「動機」は軽減されるのではないだろうか。つまり、十分効果が期待できる。

　この対応であれば、少しは遅れるかも知れないが、ほぼ予定通りに出発できるのではないだろうか。そうすれば、駆け込み乗車をしなくても電車に間に合う可能性が高くなる。

　「現場のひずみ」の除去／軽減はどうだろう。

　先輩が余裕をもってスケジュールを立てる。例えば、駅で少し待つくらいの計画を立てる、1本早めの電車を予定する等があるだろう。

　とは言え、余裕をもった計画を立てていても、後輩に出発間際に呼び止められ、かつ、話が長引くという可能性もあるだろう。ここは、後輩の協力も必要であり、「出発間際ではなく、早めに」質問するのがよい。確かに、これだと「ひずみ」そのものをなくせる可能性ある。

　ただ、後輩は先輩が出張に行く事を知らないかも知れない。

　最近は、スケジューラーで予定を共有しているので、出張予定をきちんと記載しておく、可能であれば「○時までに出発」とか、予定している電車の時間を書いておくと、対策が有効に機能する可能性が高くなるのではないだろうか。

　スケジューラーに予定を書いておきなさいと言っても、こまめに書いてくれる人と書かない人がいるだろう。特に、忙しい人は書かない。これは、逆だと筆者は考える。会社は、みんなが連携して仕事をしている

訳なので、忙しい人ほど予定をきちんと書いておくべきなのだ。これが「現場のひずみ」の未然防止に役立つと考えるからだ。

　このように、「スケジューラーの活用」が「現場のひずみ」防止策になり、更に「リスクテイキング」防止策になる。ひいては、災害予防につながるとは、従来の議論では出てこなかったのではないだろうか。
　どの対策も、「再教育」よりも効果が期待できるのではないだろうか。
　再教育は、被災者以外は「知ってるよ。そんなこと」と思ってしまうだろうし、何のための再教育なのかピンと来ないかも知れない。再教育で拘束された時間を、ムダとか苦痛とすら感じるかも知れない。
　これに対して、「スケジューラーに、自分の予定をきちんと入れておくこと」ならば、安全対策というよりも、通常業務でやりなさいと言われていることなので、無理なく実施できるだろう。更に、安全対策としても有効と言われると、「きちんと書いておこう」というモチベーション向上に繋がるかもしれない。メールや電話で「後で対応する」というのも無理なくできるだろう。

　実際、筆者が、職場で何度か再教育を受けた人に、「ざっくばらんに」話を聞いたところ、『災害はそれほど頻繁に起きるわけではないが、毎回、何がしかの再教育がある。再教育を受けている間、自分の作業が止まるし、作業予定もそれに合わせて調整しなければならない。正直、「勘弁して欲しい」と思ったことはある』と答えた方もいた。この方に、自身が実感した「再教育の効果」を尋ねたところ、『すでに、知っている内容ばかりだったので、効果の実感は、正直、なかった。逆に、「この時間はなんだったのだろう」と思ったこともあった』とのことだった。
　念のため補足しておくが、安全の再教育がムダだとかダメだとか言っているわけではない。
　言いたいことは、再教育が「必要」な時と「的外れ」な時があるということである。この事例で、再教育が「的外れ」なように思えたのは、対策の対象として抽出した「リスクテイキング」又は「不安全行動」が

「的外れ」だったからなのである。

　「駆け込み乗車」に関する再教育なら、「自分はそんなことしないよ」で終わるのだろう。しかし、「出発直前に質問に答える」ことがテーマだと、自分の身にも起こりそうだし、自分に置き換えて話を聞いてくれるのではないだろうか。出張が少ない人でも、急ぎの用事がある時に、自分の作業を始めようとするタイミングで質問を受けて、やきもきしながら質問に答えたことを思い出したということもあるだろう。

　「リスクテイキング」が、通常業務の延長線上なのか、逸脱したものなのかが、どういう意味があるのかよくわからないかも知れない。正直、どっちでもよいのかなと考えるかも知れない。しかし、理解が違うと、着眼点が異なるので、抽出される事象が変わってくる。対象となる事象が違うので、当然のことながら、対策も変わってくる。手元では数ミリ程度の誤差だったのが、先の方にある的に当たる時には大きくずれているのである。まさに、「的外れ」である。

　さて、もう少し別の側面から検討してみよう。

　ここまでの説明は、災害が発生した後の分析を想定したものだった。分析の中で、視点を変えると「リスクテイキング」として抽出される事象が違ってくることがあるという事例であった。

　では、災害発生前に、先輩が「これって、リスクテイキングかも」と気づけたかどうかについて考えてみよう。

　先輩は、非常に安全意識の高い人で、「通常業務から逸脱した行為」には気をつけていたとしよう。「これって、リスクテイキングかも」と思うのは、いつだろう？

　「駆け込み乗車」の時には、気づいているだろう。もしかしたら、会社を出た後で、少し急いで走ったりしていたら、その時にもそう思ったかも知れない。

　では、「リスクテイキング」だと気づいた時、先輩は走っている時や「駆け込み乗車」の時に、それを止めることができただろうか。

　気づいていても、難しかったかも知れない。走るのを止めて早歩きに

はしたかも知れないが、「駆け込み乗車」は目の前の電車に乗れないと約束した時間に遅れてしまう。心の中では葛藤があるかも知れないが、「駆け込み乗車をしたからといって事故になるとは限らない」というような「認知的不協和」が作用してしまうと、「どうしても、あの電車に乗りたい」という思いが強くなってしまうだろう。

　もちろん、「遅れても仕方ない」と思えたのであれば、駆け込み乗車をやめることができただろうし、遅れる旨を連絡する等で、「ひずみ」の影響を緩和できていれば、駆け込み乗車を回避できた可能性はある。ただ、遅れることは避けられないので、安全行動に「デメリット」を感じるかも知れない。

　では、はじめに戻って後輩の質問に答えている時はどうだろう。

　「電車に遅れる」とそわそわしたかも知れないが、「これって、リスクテイキングかも」とは思わなかったのではないだろうか。「通常業務から逸脱している」わけではないし、安全のことよりも遅れることが気になって、「災害リスク」は頭になかったと思われる。

　では、「リスクテイキングは通常業務の延長線上」と理解していたら、また、「災害のリスク」以外にも「リスク」があると理解していたら、先輩の反応は変わっていただろうか。

　先輩は安全意識の高い人であったので、「乗り遅れるリスク」を認識できていた可能性は高く、気づけていた可能性が高いと思われる。

　「リスクテイキングは通常業務の延長線上」と理解していたなら、通常業務の中でも「これってリスクテイキング？」と自問自答して、「ひずみが生じているかも」と気づけていた可能性があるだろう。

　「駆け込み乗車」よりも「時間が無いなかで質問に答える」方が、時間的には上流になる。つまり、「リスクテイキング」に早めに気づけることになる。

　では、「リスクテイキング」だと気づいた時、後輩から質問を受けた時に、「回答することをやめる」ことができただろうか。

　質問の内容によっては、難しかったかも知れない。しかし、「後で、電

話やメールで回答する」等により、いったん回答は保留して、職場を離れることは可能だったのではないだろうか。更に言えば、選択した安全行動に対して感じる「デメリット」も少ないのではないだろうか。

もし、ほぼ予定通りの時間に職場を出発することができれば、安全の観点においても「ひずみ」がある状態とは言えず、「ひずみ」の発生を未然防止できることになる。「ひずみ」防止対策は先手必勝である。

ここで、一連の流れをリスクレベルの図と対比させてみよう。

後輩から質問を受けたとき、答え始めた時点から、リスクレベルが徐々に上がって来ている。まさに、リスクの立ち上がりである。この時点では、質問に答えているという行為そのものがリスクレベルを上げているというよりも、出発が遅れるという「現場のひずみ」が生じている段階だと言える（**図 4-9**）。

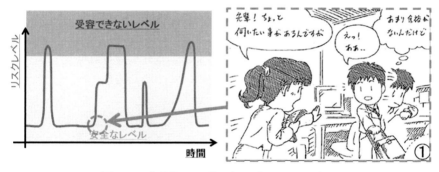

図 4-9　「現場のひずみ」が生じている段階

会社を出たときには、相当、「ひずみ」が生じている。つまり、先輩は、遅れを挽回しなければならない状況になっているだろう。

結果、先輩は走りだした。まだ冷静に駅に向かっているとはいえ、リスクレベルは高くなっている（**図 4-10**）。

なんとか駅に着いたが、既に電車が着いている。これはやばい！と、先輩はダッシュしている。この時、リスクレベルが急激に立ち上がり、受容できないレベルにまで入ってきた（**図 4-11**）。

先ほど説明の中で少し触れたが、最後の「駆け込み乗車」のところで

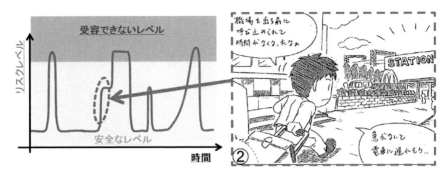

図4-10　リスクレベルが高くなっている場面

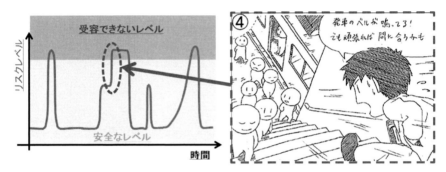

図4-11　受容できないリスクレベルの段階

「認知的不協和」が作用し、「動機」が後押しされている状態に陥っている可能性がある。もしかしたら、駅に向かって走っている時から、そのような状態になっているかも知れない。

　リスクレベルが「受容できないレベル」にある時に「エラー」が起こると「災害」に至る。「駆け込み乗車」で、「階段を踏み外す」「降車した人を避けられない」などが発生すると、何らかの災害が発生するのは想像に難くない。やはり、災害を防ぐには、リスクレベルが低いうちに対処したい。後輩から質問を受けた時点で、「これって、リスクテイキングかも」と気づいて欲しいものである。

4-6　注意点①：日常作業の延長線上に「危険」が潜む

　本書の目的は災害の未然防止である。ここで改めてどのような「視点」で、どのような「考え方」をすれば、災害を防げるのかについて考えていこう。

　「災害のリスク」と「約束に遅れるリスク」を同等に扱う根拠は何だ！という指摘があるかも知れない。論理的にも怪しいところがあるかも知れない。これについては、後ほど筆者の考えを紹介するが、いったん、「現場のリスク」は「災害リスク」だけでは"ない"という考え方を受け入れて頂きたい。

　「リスクテイキング」は「通常業務から逸脱した」ものではなく、「通常業務の延長線上」にあるという1つ目のポイントを詳しく見ていこう。

　製造業の現場でも、工事の現場でも、重いものを運んだり、モノを造ったりしているので、生産活動そのものに何がしかのリスクはある。リスクをゼロにしようとするならば、「何もしない」ということになる。しかし、それだと、ものづくりはできないし、お金も稼げない。

ルーティンワーク	チャレンジ	無謀・危険行為
←リスク・低		リスク・高→

図4-12　リスクとチャレンジ

　現場の作業も様々なものがある。リスクの低い作業から高い作業まで、図4-12のようなイメージで考えてみる。例えば、手順が明確で、同じ作業を繰り返すようなルーティンワーク、いわゆる「定常作業」は災害にあうリスクは低いだろう。一番左側になる。一番右側の無謀・危険行為は、リスクがとても高そうだ。その間に「チャレンジ」がある。「従来の安全活動」で、「不安全行動」は「通常業務から逸脱した行為」と考えられているとすると、この図では、無謀・危険行為の辺りに位置付けられることになる。

では、「チャレンジ」に該当する作業は何だろう。

設備の立ち上げ・調整作業やメンテナンス、トラブル調査・修理等の「非定常作業」だと、リスクレベルは高くなる。とはいえ、これらのような「非定常作業」を「不安全行動」と呼ぶ人はいないだろう。リスクは高いとしても、必要な作業であるし、担当者にとって「通常業務の範囲内」だ。そういう意味では、この図でいう「チャレンジ」に該当すると解釈できる。同様に、現場や設備の改善・改革や製品開発も「チャレンジ」と言えるだろう。

次に、「リスクテイキング」はどこになるのか考えてみよう。

「駆け込み乗車」の場面は、どこになるだろう。無謀・危険行為の辺りと考えている方が多いのではないだろうか。確かに「駆け込み乗車」は危険である（**図4-13**）。

駆け込み乗車↓

ルーティンワーク	チャレンジ	無謀・危険行為
←リスク・低		リスク・高→

図4-13　駆け込み乗車のリスク

では、「後輩の質問に答える」はどうだろう。

「それは出発間際のことか？日常の勤務中のことか？」と問うた方がいたのであれば、これまでの説明をよくご理解頂いているのだろう。

日常の勤務中に質問に答えるのは、ルーティンワークとまでは言えないかも知れないが、チャレンジでもないだろう。災害リスクはないので、強いて言うなら、チャレンジに近いルーティンワークの辺りではないだろうか。

出発間際に答えるのは、それよりもリスクが高い。どれくらい余裕があるかにもよるが、チャレンジの辺りという意見が多いのではないだろうか。イメージ的には図4-14のようになるのではないだろうか。

質問に答える↓	出発間際に答える↓	駆け込み乗車↓
ルーティンワーク	チャレンジ	無謀・危険行為
←リスク・低		リスク・高→

図 4-14　場面とリスクの整理

　ここで、出発間際に答える場合、余裕がなくなるとどうなるだろう。どんどん右側に行くだろう。本当に時間がなくなったら、無謀・危険行為になるだろうか。

　いや、無謀・危険行為にはならないだろう。約束には遅れるかも知れないが、災害にはならない。出発間際に答えるだけで、「災害リスク」が、そこまで高くなることはないだろう。

　もちろん、リスクというのを、「約束に遅れるリスク」と考えると、無謀・危険行為に近いところに来ることもあるかも知れない。

　では、「↓」がどの辺りであれば、「リスクテイキング」になるだろう。

　ケースバイケースであり、もっと言えば、人によって、個人の受け取り方によって、違うかも知れないのではないだろうか。

　「駆け込み乗車」ですら、「チャレンジ」だと思っている人が居るかも知れない。むしろ、そう思っている人が多いのかも知れない。

　つまり、「チャレンジ」なのか「リスクテイキング」なのかは、曖昧なのだ。もっと言えば、「チャレンジ」と「リスクテイキング」が混在していると考えてもよいくらいなのだ。別の言い方をすると、**「チャレンジ」だと思ってやっていたことが、実際には、「リスクテイキング」だった。気がつけば、「リスクテイキング」をしていた**ということであるかも知れないのである。

　つまり「リスクテイキング」は「チャレンジ（含む、改善・改革）」と表裏一体なのである。

　これを先ほど図で表すと、**図 4-15** のようになる。

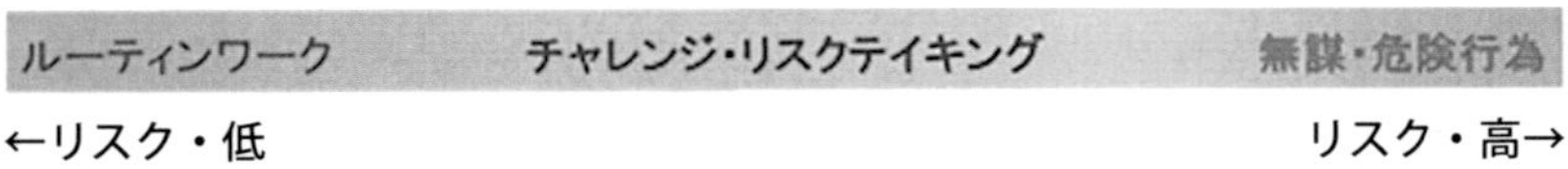

ルーティンワーク	チャレンジ・リスクテイキング	無謀・危険行為

←リスク・低　　　　　　　　　　　　　　　　　　　　　リスク・高→

図4-15　「チャレンジ」が「チャレンジ・リスクテイキング」になる

「チャレンジにリスクは付き物だ！」とよく耳にしないだろうか。実は、**「チャレンジ」も「リスク」を認知して、「意図的」に行う**のだ。
　「リスクテイキング」は気をつける必要があって、「チャレンジ」は気をつけなくてもよい、というわけではないのだ。どちらも「リスク」があるので、気をつけながらやらなければならないのだ。

　「従来の安全活動」で言うところの「非定常作業」では、その扱いが難しかったのではないだろうか。
　非定常作業起因の災害が発生すると、「非定常作業」は「不安全行動」だと言いたくなってしまうのだが、設備の修理などは作業頻度や作業内容は非定常だが、対応できる技術を習得している担当者からすると「通常業務」でしかない。
　「非定常作業」を、ある時は「通常業務から逸脱している行為」だと言い、ある時は「通常業務」と言う。管理する側も管理される側も何となく使い分けていたのではないだろうか。

　「新たな安全活動」では、「非定常作業」は「チャレンジ」であり、「リスクテイキング」なのだと考えている。従って、「いずれにしても、気をつけて作業して下さい」ということになる。
　普段どおり作業しているのは「チャレンジ」であるのだが、ムリをすると「リスクテイキング」になることもあるということだ。
　更に言えば、「チャレンジ・リスクテイキング」と「無謀・危険行為」にも、明確な境界線があるわけではない。やはり、無茶なところまで頑張ってはいけないのだ。

全て「通常作業」の延長線上なのだ。だから、多少のリスクを感じていたとしても、「悪いことをやっている」という自覚はなく、あくまでも「頑張っている」という感覚の作業者が多いのではないだろうか。

　繰り返しになるが、「リスクテイキング」は「チャレンジ」と表裏一体なのだ。「チャレンジ」もリスクを伴うという意味では「リスクテイキング」とも言えるし、「チャレンジ」しているつもりが、いつの間にか、「リスクテイキング」の領域に踏み込んでしまうこともあるのかも知れない。この境界は非常に曖昧だ。強いて言うならば、「リスクテイキング」は、**「チャレンジ」の中で「頑張り過ぎた（無理をした）」結果**ということになるのではないだろうか。

　頑張って「チャレンジ」している最中は、もう少し頑張ろう、更にもう少し、となるかも知れない。頑張っている最中に「これってリスクテイキング？」と自問自答するのは難しいだろう。既に、作業に集中しているからだ。やはり、これから「チャレンジ」するぞと時から「リスクテイキング」かも知れないと注意して欲しいものである。

　「チャレンジ」と「リスクテイキング」を表裏一体であるのだから、「チャレンジ」の段階から気をつけなさいということだ。

　これまでは、「チャレンジだから大丈夫」とまでは思っていなかったかも知れないが、「これは不安全行動じゃないから大丈夫」と自分に言い聞かせながら、ちょっとムリをしたという経験はあるのではないだろうか。

　「チャレンジ」している最中は、結構、集中して作業をしている。「リスクテイキング」していたとしても気づき難い。しかし、本格的に作業に着手する前ならば、「これってリスクテイキングかも」と気づける可能性が出てくる。つまり、「リスクテイキング」の感度が向上するということだ。

　「通常業務から逸脱した行為」ではないということも、「チャレンジ」の段階から気をつけて欲しいということと同義なのだ。

　「通常業務の延長線上」、いや、「通常業務の中」に「リスクテイキン

グ」が潜んでいる、「危険」が潜んでいるということなのだ。

　ただ、今説明した解釈は、いささか「管理者目線」になっていることは否めない。つまり、作業者が置かれていた状況や「リスクテイキング」に至る背景・経緯は、あまり考慮していない。

　実際に「リスクテイキング」が行われる時には、作業者はリスクテイクせざるを得ない環境・状況に置かれていることが多い。本書の中でも述べてきたが、まず、「現場のひずみ」があって、その影響をなんとか除去／緩和しようとして、作業者が「リスクテイキング」を行っていたと考えられる。だとすると、作業者の立場からすれば、**「現場のひずみ」を放置せず、なんとか対処しようと頑張った、または、工夫した**といえる。そうであるならば、これは、「チャレンジ」なのである。作業者からすると「リスクテイキング」は「チャレンジ」なのであり、区別できないのである。（「ひずみ」を、自分が解決すべき「課題」と思ってしまう）

　災害という結果ではなく、要因や心理を考えることにより、作業者が「リスクテイキング」と「チャレンジ」が区別できていないことが、より理解・納得頂けるのではないだろうか。「チャレンジ」は良くて、「リスクテイキング」はダメと言っても、そんな区別はできない。「チャレンジ」する時から気をつけるしかないのである。「チャレンジ＝リスクテイキング」くらいに思っておく方がよいのである。

　『「現場のひずみ」を放置せず』というところは重要だ。

　放置していたら、他の誰かが対処しなければならなくなる。他の誰か迷惑を被ったりする。だから、無視できなかった。**責任感が強い人ほど「チャレンジ（＝実はリスクテイキング）」しようとする**のだ。

　芳賀先生の「リスクテイカーは、ある意味チャレンジングな人たち」という言葉の意味が理解頂けたのではないだろうか。

　「（自分の用事がある状況で）後輩の話を聞く」という行為も、時間に余裕がある状況なら通常業務の範疇であり、時間に余裕がない状況なら

「リスクテイキング」になることもあるのだ。

すなわち、「リスクテイキング」か否かは、「状況」によって変わることがあるのだが、「状況が切羽詰まっているのかどうか」は、他人にはわからない。頑張る人ほど、自分の時間を切り詰める。

また、「リスクテイキング」は、必ず何かをするというわけではない。

行わない、やらないという「リスクテイキング」もある。「聞かない」「確認しない」「保護具を着用しない」などがそうである。

「保護具を着用しない」というのは、第三者から見てもわかりやすいのだが、「聞かない」「確認しない」というのは、例えば、先輩が忙しそうなので聞けないなどの「遠慮」が動機となっていることもある。「聞きたいけど聞けない。リスクはあるけれど自分でやってみよう」というような場合だ。他人には、わかっているから「聞かない」のか、「遠慮」して「聞けない」のか、見分けることは不可能だ。

こうなると、他人にはわからない。

「リスクテイキング」か否かは、主観でしか判断できないのだ。

まず、作業者本人が「リスクテイキング」に気づくことが重要だ。そのためにも作業者本人が「リスクテイキング」を正しく理解する必要がある。「通常業務の延長線上にある」ことを理解することが大事なのである。

次に、その情報を周囲と共有することが重要になる。

情報共有を妨げる要因があるとすれば、それは何か。それを排除するにはどうすればよいか。次節で考えていこう。

4-7 注意点②：「悪いこと」というレッテルは逆効果

　さて、『「リスクテイキング」を正しく理解する』のに必要な2つ目のポイントについて説明する。

　『「リスクテイキング」＝「悪いこと」』では "ない" である。

　このポイントを理解・納得頂き、「安全活動におけるキーワードを、「不安全行動」から「リスクテイキング」に代える」ことを推奨する。このキーワードの変更で、「だろう安全」から「かもしれない安全」への変革が期待できる。「リスクテイキング」に対する検出感度が上がることが期待できると共に、情報共有しやすくなるだろう。

　「リスクテイキング」＝「悪いことではない」というのは、「リスクテイキング」と「チャレンジ」は表裏一体と同じように聞こえるかも知れない。先ほどまでの説明でも「悪いことではない」と納得頂けたかも知れない。

　しかしここでは、「感情」に近いところの「心理」に着目していこう。

　ところで、「悪いことをしていますか？」と聞かれたら、あなたは、どう答えるだろう。

　「していません」と答えるのではないだろうか。

　何を聞かれているかはさておき、大抵の方は、「していません」とか「悪いことはしていません」と答えるのではないだろうか。

　では、「「悪いことはしていない」ということは、「特に注意しなくてもよい」ということですか？」と聞かれたらどうだろう？

　「何もやってない」のだから「注意しようがない」のではないだろうか。

「悪いことはしていない」ので、「特に注意しなくても良い」ということは、「なので、これくらい大丈夫だろう」とならないだろうか。
　「安全だろう」という判断、すなわち、「だろう安全」である。

　逆に、「チャレンジしていますか？」「頑張っていますか？」と聞かれたら、あなたは、どう答えるだろう。

　「やっています。頑張っています。」と答えるのではないだろうか。
　「頑張っていますと、胸を張って言えるかどうかはわかりませんが、自分なりに、頑張っているつもりです。」と答える方もいるだろう。
　程度の差はあれ、「チャレンジ」という言葉を受け入れるだろう。
　重ねて、「「チャレンジ」されているということですが、「チャレンジ」には「リスク」が付き物ですよね？」という問いかけがきても、
　「そうですね。失敗する場合もありますね。」
　「はい。「チャレンジ」には失敗が付き物です。」
と、この問いかけも受け入れるのではないだろうか。「チャレンジはリスクを伴う」ということに、異論・反論はないだろう。

　ここで、「「リスク」があるということは、「リスクテイキング」しているかも知れないですね？」と問われても、
　「あっ、なるほど。しているかも知れませんね。」
　「そうですね。「リスクテイキング」していますね。」
　と、ならないだろうか。
　「自分はリスクテイキングしているかも知れない」というのならば、「なので、注意しよう」となるのではないだろうか。
　「注意しよう」というのは「危険があるかも知れない」という判断。すなわち、「かも知れない安全」となる。
　これが、「感情」の部分の「心理」である。

　誰しも人間心理として、「悪いこと」というネガティブなイメージは

受け入れ難い。

　どうしても、「不安全行動」＝「悪いこと」というイメージがある。「不安全行動をやったのか？」と聞かれると、「悪いことをしたのか？」と聞かれているように感じるのだろう。これは、受け入れられない。だから、「（悪いことは）やっていません」と答えてしまう。

　実は、これが、「リスクテイキング」を黙って行ってしまう原因だと、筆者は考えている。更に言えば、「ネガティブなイメージ」が受け入れ難いのに加えて、大抵の場合、「認知的不協和」が作用しているのではないかと思われる。「チャレンジ」なんだ「いいこと」なんだと自分に言い聞かせているのではないかということだ。

　悪いことではないので、報告する必要はないと考えてしまい、結果、**「リスク」を一人で背負い込んで、「リスクテイキング」をしてしまう。**というのが、心理的なメカニズムではないかと考えられる。

　「注意を喚起するために」と思って「悪いこと」を強調したことが、作業者心理的には逆効果となってしまい、黙って「リスクテイキング」するように誘導していたのかも知れないということだ。

　現場の安全を管轄している部門の方々や管理者の方々には、作業者心理を分析した結果出てきた、「１つの考え方」と理解して頂ければと思う。

　ヒヤリハット事例についても、「災害に繋がりそうな事例は無いか？」「危ないと思った行動は無いか？」等と、ネガティブな面を強調してしまっていることはないだろうか。

　この場合、なかなか提出件数が増えない、または、件数は集まったが、当たり障りのない内容ばかりになってしまうという現象が起こっているかも知れない。「なかなか安全活動や改善につなげられていない」と悩む管理者もいることだろう。

　逆に作業者は、実は何度か「危ない」と思ったことがあったのだが、ヒヤリハットを提出しなかった。ちょっと急いでいる時のことだったの

で、自分が悪いのかなと思っていた。だから、その事例を書くと、「そんなことしてたのか」と自分が怒られるだけでやぶ蛇だと思った。また、「災害にはつながらない」とか「ヒヤリハットが求めているのは、共有する価値がある事例であって、急いでいるという特殊な状況の話ではない」と、ヒヤリハットを提出しない自分を納得させていた、といったところではないだろうか。

　一方、人間心理として、「良いこと」というポジティブなイメージは受け入れやすい。
　「チャレンジ」＝「良いこと」というイメージがあるので、「チャレンジしていますか？」と聞かれると、「良いことをしたのか？」と聞かれているように解釈するので、「チャレンジしてます」「頑張ってます」と答えられるのだ。

　逆に、「悪いことをしていますか？」と聞かれた時は、「なんで、自分に聞いているのだろう」とすら感じることがあるのではないだろうか。

　もしも、『「リスクテイキング」と「チャレンジ」は表裏一体』という理解が深まれば、「リスクテイキング」も肯定的に捉えられて、受け入れやすくなると考えられる。
　つまり、**「これって、リスクテイキングかも」等と自問自答**できて、「リスクテイキング」に気づける、「リスクテイキング」の検出感度が上がるということが期待できる。加えて、気づいた時に速やかに報告する、すなわち、情報共有できるようになると期待できる。

　このように書くと、2つめのポイントは、作業者の問題のように思われるかも知れない。しかし、実際は、管理者の問題であると、筆者は考えている。つまり、作業者の心に「蓋」をしてしまっているのは、たいていの場合、管理者なのである。

「リスクテイキング」が行われる時、作業者は「良かれ」と思って行っている場合が多く、「チャレンジ」と思ってやっていることが多い。だから、「悪いことをやったか？」と聞かれても答えない。そう、「リスクテイキング＝悪いこと」と言っているのは、大抵、管理者側なのである。

　そのため、管理者が自らの意識を改革することが重要になる。

『「リスクテイキング」＝「悪いこと」』では "ない"

　「リスクテイキング」を引き起こす諸悪の根源は、「現場のひずみ」なのだ。いわば「現場のひずみ」がある状況が与えられた作業環境であり、そこで、作業者が「現場のひずみ」の影響を除去／軽減しようと頑張った結果が「リスクテイキング」になる。

　「リスクテイキング」は災害分析の「入口」であったり、未然防止のための気づきを与えてくれるのだと考えてほしい。

　「リスクテイキング」を行った、または、行おうとした時の「作業者心理」を正しく理解し、発生してしまった災害の分析を行うことや、未然防止対策を検討することが重要なのである。

　次章では、この辺りについて「具体的に」考えていきたい。

第3編

事例編

事例と言っても、本書では対象リスクごとの具体的な事例を詳述することはできない。「リスクテイキング」の本質を理解し、「現場のひずみ」を解消するのは、本書を読んでそれに気づいた読者自身で検討すべきものだからだ。本編で紹介するのは、筆者がこのことについて講義した現場で、実際に実効性があった対策事例である。「作業者心理」を理解し、作業者が良かれと思って行っている「リスクテイキング」の前兆を検出して対策を行うとともに、その原因になっている「現場のひずみ」を解消することで改善を行う。そして、作業者を非難・排除せずにリスクを回避する。事例から、読者それぞれの現場でどう活用できるかを検討してもらいたい。

第**5**章
「新たな安全活動」展開における事例

5-1 「真因」に到達するための心得（＝「未然防止」の心得）

　安全活動にも色々あるが、まず、災害調査について考える。

　少し趣向を変えて、災害調査におけるヒアリングを「城攻め」にたとえて説明してみよう。

　「従来の安全活動」では、「リスクテイキング」が対策の本丸と考えていた。そして、「いかにして攻め落とすか＝いかにしてやめさせるか」を検討していたのではないだろうか。

　「新たな安全活動」では、攻め落とすべき本丸は「現場のひずみ」だ。「リスクテイキング」は、本丸に到達するための“きっかけ”でしかない。お城で言うと、ぐるっと囲まれた城壁に1箇所だけ開いている穴のようなものだと考える。攻め入るための入口だ。

　従って、意図的な時はもちろん、無意識な時であっても、その穴が塞がれてしまうと、本丸に到達できない。そのため、唯一の入口が閉められないようにすることが肝要だ。しかし、「リスクテイキング」を行った本人（＝被災者）が「責め（攻め）られている」と感じてしまうと、入口は即座に閉められてしまうだろう。

　逆に、本人自らが「入口はここですよ」と教えてくれて、城攻め（＝「現場のひずみ」対策）に参加してもらえるように仕向けていきたい。自ら語ってもらうには、「肯定感」を醸し出すことが重要になる。

　さて、具体的にどうするかだが、ここで、実際に筆者が行った調査事例を元に考えてみたい。（ただし、「調査」は実例だが、「災害」は仮想である。）

「リスクテイキング」から入り込み、災害の未然防止対策に結び付けるまでを、仮想災害を題材として、被災者ヒアリングのポイントを探ることで理解する。

> ### ＜対策事例：災害の概要＞
> 　とある会社の製造現場で、作業者が倒れてきた電動リフターの下敷きになるという災害が発生した。幸いなことに、被災者の方は命には別条なかったが、骨折したために会社を休まなければならなかった。

＜事例の状況＞
　電動リフターは、フォークリフトの爪の部分、前方のフォーク部分だけを取り出して、それに台車を付けて運べるようにしたものである。電動リフターという名前のとおり、フォークの上下動は電動だ。台車全体を移動させるのは人力で行う。

　電動リフターが横転したというのは、皆無ではないだろうが、あまり聞いたことはない。荷物を載せた状態で台車を動かしている時に、曲がる時にバランスを崩すことはあるかも知れないが、横転したのは、フォークを上下させている時だった。荷物を降ろす位置に到着していたので、台車はロックしていた。不思議な災害である。

　荷物が爪からはみ出していたのだろうか。バランスが悪い積み方をしていた等が疑われる。しかし。爪からはみ出てはいなかったようだ。

　ちなみに、災害発生時に近くに居た人によると、気がつけば被災者が電動リフターの下敷きになっていた。特に、大きな音などはなかったのだ。また、爪がどこかにひっかかった跡もなかった。

　そもそも、爪がどこかに引っかかったとしてもリフターは倒れない。爪の上下動が停まるだけだ。爪は２本あるが一体で動くので、どこかに片方が引っかかっても、台車ごと転覆させるような力は作用しない。

　電動リフターが倒れるということも不思議であるが、なぜ、被災者は逃げなかったのかとう疑問もある。ふつうは下敷きにはならない。

＜事例の調査＞

　さて、こうなると、被災者の話だけが頼りの綱だ。この場合、どのような聞き方をすれば、真実を聞き出せるのだろう。何らかの「リスクテイキング」をしていたのかも知れないが、何とかして、被災者の本音を聞き出したい。

　どのような聞き方（ヒアリング）をすればよいだろうか。

　「怒らないから、何をしたか正直に話して」だろうか。

　「怒らない」というのは、「本来は怒るけど」と聞こえるであろう。「悪いことしたか？」と聞いても答えてくれないと思われる。やはり、「悪いこと」は受け入れられないという「心理」が働くであろう。

　そこでまず、実際に行った作業を一通り説明してもらった後に、「いつもと違ったこと」をやってなかったか聞いてみるというのはどうだろう。

　多分、やってないと答えるだろう。実際に、被災者は災害に遭った時も「いつもと同じ」ことをしていたのだ。つまり、いつもと同じく「リスクテイキング」していたのだ。

　ある意味「いつもと同じ」なので、嘘は言っていないことになる。

　「他の人が同じ災害に遭わないように参考にしたいので、協力してもらえないだろうか」と聞くのはどうだろう。

　「他の人が災害に遭わないように参考にしたい」というのは、「悪い事例として」参考にしたいと聞こえないだろうか。被災者には、行間から「災害に遭ったのだから、悪いことをしていたのだろう!?」という質問の意図（＝質問者の本音）が見え隠れしているのかも知れない。

　ここで、「新たな安全活動」の基本に立ち返ってみよう。

　『「リスクテイキング」と「チャレンジ」は表裏一体』だった。この「チャレンジ」を意識した聞き方はできないだろうか。

「どんなチャレンジをしたのですか？」はどうだろう？

　直接的な聞き方だ。しかし、災害の聞き取り調査で、「チャレンジ」と言われても唐突な感じがするだろう。っが、方向性は合っている。

　「どんなことを頑張ったのですか？」と少し言い方を変えてみる。

　何をどう頑張ったのか聞き出したいところだ。「リスクテイキング」は入口、本丸は「現場のひずみ」だった。

　「何か「ひずみ」はありましたか？」でもよいかも知れないが…。

　『一連の作業の中で、「難しかった」、「やりにくかった」と感じたところはありますか？』と聞いてみてはどうだろう。

　そう。やり難いところが「現場のひずみ」である。

　結果的に最後の質問をしてみたところ、被災者は「高い棚の高さ合わせが難しかった」と答えてくれた。作業者は、製品を乾燥炉内にある棚に載せようとしていたのだ。この棚とフォークの高さを合わせるのが難しかったという。

　作業者は、棚がすすけて真っ黒になっていたことや、フォークには製品が載っているので、高い棚に載せる時には操作位置からフォークの先端が見えにくかったことも教えてくれた。これが「ひずみ」である。

　では、次にどのような質問を続ければよいだろうか。

「どんな工夫をされたのですか？」 という質問はどうだろう。

　「チャレンジ」したところを「工夫」と言ったのだ。確かに、頑張ったところであり、前向きな言葉だ。「工夫」したところは、人に言いたくなる。実際、被災者は積極的に説明してくれた。

　「立て板に水」という感じで、電動リフターの台車の脚の部分に載って、少し背伸びをするような体勢になりながら操作していたということだった。電動リフターに横側からしがみつくような感じの体勢になったのだ。絶妙なバランスだったのかも知れないが、体が少しでも電動リフターから離れてしまうと、電動リフターを転覆させる力が大きくなる。いつも

はぴたっと体を寄せて作業していたが、少し離れたのだろう。電動リフターが転覆してしまった。その時、電動リフターの脚に載っていたので、逃げることができず、一緒に倒れてしまったというのが、ことの真相だったのだ。

　これは典型的な「不安全行動」である。
　「従来の安全活動」「新たな安全活動」などとは関係なく、日頃から「やってはいけない」と認識されている行動になるだろう。

＜事例の対策＞

　実際のインタビュー時の印象では、被災者の方も「禁則事項である」という認識はあったのではないかと思われた。筆者の前に、現場の安全管理者がインタビューしたのだが、「悪いことはしていないか？」という趣旨での質問だった。被災者はそれに対して何も答えず無言だった。
　やはり、被災者は、やってはいけないことかも知れないけれど、「チャレンジ」をしないと仕事が進まないと考えたのだろう。
　「リスクテイキングはチャレンジと表裏一体」と理解頂けているのであれば、被災者が「工夫」として、そして「チャレンジ」の1つとして、「リスクテイキング」をしたのだと理解頂けたものと思う。そして、それを聞き出すための質問だったことも納得頂けたと思う。
　そして、その「工夫」は、災害の以前にも、いつもやっていたのであろう。だから、「いつもと違うこと」を聞いても答えなかった。ある意味、被災者は正直に答えたことになる。嘘ではない。

　繰り返しになるが、被災者は決して「悪いこと」をやっているつもりはなかったのだ。逆に、「現場のひずみ」があっても、与えられた環境の中で、「工夫」して「チャレンジ」していたのだ。
　実際、製品を炉に投入するというこの作業は、面倒で非常に時間がかかる工程だった。「高さが合ったかな」と思った時点で、作業者は、操作位置からフォークの先端近くに移動して目視確認しなければならない。そして、「もうちょっと上か」と言いながら操作位置に戻り、少し

フォークを上げて再度目視確認をする。「しまった行き過ぎた」となったら、また操作位置に戻り、ほんの少しフォークを下げる。
　被災者の作業時間は、他の方に比べて、とても短かったそうだ。
　「工夫」の成果が出ていたわけである。
　そして、これまでは災害は起こっていなかった。「改善」だと思っているのなら、やめる理由はない。効率良く作業できるのだから。

　被災者の気持ちがわかる方も、多いのではないだろうか。現場は、納期に追われているし、「効率良く作業しろ」と常日頃から言われているのである。

　なにはともあれ、何とか真相を聞き出すことができた。この事例でもわかるように、「責められている」と感じている時には、本人から何かが語られることはない。しかし、「現場のひずみ（＝やり難いこと）」を共通の敵として持ち出すことで、「聴取側と被聴取側」という対向の関係から、「共通の敵（＝ひずみ）と戦う同士」という関係に変わった。少なくとも、被災者本人は、自分の行為が否定されているという印象から、肯定されているという印象に変わったと思われる。結果、自ら真相を語ってくれた。
　「自ら語ってもらうには、「肯定感」を醸し出すことが重要」に対し、納得頂けただろうか。

　「とはいえ、100歩譲っても、この不安全行動は許せない」という方もいらっしゃるかも知れない。しかし、このようなやり難い作業をさせていた管理職にも責任の一端はあるのではないだろうか。やはり、「一個人の問題」として扱うのではなく、「作業環境の問題」として対処する方が良いだろう。

　さて、ここからは再発防止策について考えてみよう。
　大事なことを忘れていないだろうか。「リスクテイキング」は入口で、

本丸は「現場のひずみ」であった。

　「現場のひずみ」は、「高さ合わせが難しい」ことがわかった。本丸が明らかになったのだ。では、どうやって、本丸を攻め落とせばよいだろう。どうしたら、「現場のひずみ」を除去／軽減できるのだろう。

　実は、「現場のひずみ」の除去／軽減は、「現場改善」に直結する。

　「フォークの先にカメラを付ける」というのはどうだろう。

　モニターを見ながら、高さ合わせができるとよいのではないだろうか。車でバックする時のモニターのような感じだ。確かに、電動リフターなので電源はある。カメラも小型で安価になっているので実現可能かも知れないが、いささかコストが掛かりすぎるように思われる。

　オーブンの棚が、すすけて黒くなっていたのであれば、棚をきれいにしたら、見えやすくなるかも知れない。

　扉の近くに、安価なライトを設置するというのもよいだろう。

　扉に目印を付けるのもよいのではないだろうか。

　棚と同じ高さのところに、目立つ色の見易いテープを貼っておいて、テープとフォークの高さを合わせるというのでどうだろう。

　製品が邪魔をしてフォークの先が見え難いのであれば、フォークの先端側面に、ちょっとだけ横側に突き出るように突起物を付ける。

　扉の棚の高さの辺りに、小さな鏡を付けておく案もあるだろう。

　実際には、電動リフター操作部の固定部と可動部に目印を付けて、フォークが棚の高さと合っていることを手元で確認できるようにした。

　（操作部近くに「（固定）▷」「◁（可動）」印をつけるという案だ。）

　鏡もカメラも、案としては出たようだが、鏡は斜めに設置する必要があるので、結構出っ張ってしまうことと、落下すると危険だということで次点となり、カメラはコストの関係で、「他の対策がダメだったら検討する」ことになった。

実施した対策は、現場からも好評だった。被災者以外の作業者も、「前から、やり難いと思っていた」と言い出し、対策を歓迎していた。そして、生産性も上がったのだ。

　そう。ネックが解消されたので、生産性も向上したのだ。
　ネック、または、ネック工程というのは、ボトルネック工程のことで、ワインボトルなどの上の方が細くなっているのがボトルネックである。ボトルネックがあるおかげで、中身が一気に出てくるのを防いでくれて、注ぎやすくなるのだが、逆に、中身を全部出そうとすると時間がかかってしまう。
　生産管理では、処理能力が低い＝仕事が詰まってしまう工程のことを、ボトルネック工程と呼んでいる。
　「フォークと棚の高さ合わせ」が「処理能力が低い」作業であり、そこで仕事が詰まっていた。つまり、生産性が低下していた。それを解消できたので、作業時間が短くなり、生産性が上がったのだ。

　対策によって、見事に「現場のひずみ」を除去できた事例である。当然、「動機」もなくなった。この状況下では、以前行っていたような「リスクテイキング」をするだろうか。
　当然、「No」だろう。する必要がない。
　つまり、「リスクテイキングをしなくてもよい作業環境」が実現できたのだ。
　「禁止」ではなくて、「しなくても良い」と思わせることで、「リスクテイキング」を防止できたことになる。しかも、それは再教育ではなく、作業環境の整備（＝現場改善）で実現したのだ。
　そしてこの対策、つまり「現場のひずみ」を除去することで、メリットが生まれた。そう、生産性が上がったのだ。

　毎回、この事例のようになるとは限らないが、「現場のひずみ」が、「やり難い作業」や「面倒な作業」だった場合、当然、そこがネック工程

第5章　「新たな安全活動」展開における事例　143

になっている可能性がある。そして、それを除去すれば、生産性が上がるという訳だ。

　一挙両得。一石二鳥。だ。もっと言えば、継続できる対策なのだ。

　これらの対策は、形骸化が防げると考えられる。生産性が悪くなる対策だと、納期を守ることが厳しくなり、「心の天秤」の左側（＝動機）の錘が増えてしまうかも知れない。しかし、生産性と安全性が両立していれば、対策を遵守していれば納期も問題ない。対策をさらに進化や深化させることはあっても、それをやめる必要は全くない。

　本書を一読頂く前に、「フォークと棚の高さ合わせが、やりやすくなるように改善しました」と、現場から報告を受けたとしたら、安全対策として、管理者として「OK」を出せただろうか。

　「それは現場改善だろう！生産性の改善ではなく、安全面の改善をしなさい」と指導する職場もあったのではないだろうか。

　ここまでの話は、「仮想事例に本書の考え方を適用した場合」である。

　現実は、「従来の安全活動」の視点で、別の対策が展開されるだろう。

　例えば、この災害に関する報告書に、被災者からのコメントとして、「フォークと高い棚の高さ合わせが難しい」という文言があったとしても、「いかなる理由があっても不安全行動はダメ」という再教育には引用されることはあっても、「対策」に反映されることはないだろう。「従来の安全活動」の攻めどころが「リスクテイキング」なので、あまり深掘りされないだろう。

　「着眼点」が変わると、「対策」も変わるのだ。

　もちろん、これまでの考え方ややり方を批判するわけではない。

　ただ、「新たな安全活動」視点で災害調査を行うと、「現場のひずみ」を明らかにでき、効果的な再発防止策が検討できる可能性に気づいて頂けたのであれば、大変うれしく思う。

「新たな視点／着眼点／切り口」と、ご理解頂けると幸いである。

＜事例の解説＞

筆者は以前、「新たな安全活動」について説明した時、以下のような質問を受けた。

『我々の職場では、災害発生時、原因究明の一環で「なぜなぜ分析」を行います。対象となる事象に対して、「なぜ？」を繰り返して原因を深掘りするという分析ですが、「リスクテイキング」の分析をする時は、「仕事が錯綜していた」とか「焦っていた」というのは原因として考えてはいけないと言われていました。

「忙しい」から「リスクテイキング」というのはご法度だと…。

「新たな安全活動」では、「忙しい」から「リスクテイキング」という考え方も OK ということなのでしょうか？』

良い質問だと思った。筆者からは以下のように回答した。

『「忙しい」時というのは、リスクレベルが高くなる時です。現場がひずみ始めている、または、ひずんでいると解釈できますので、原因の１つだと考えて、分析の対象に含めるべきだと思います。そして、それを踏まえて、「なぜなぜ分析」の対象が違いますよ、と申し上げます。つまり、「リスクテイキング」ではなく、「現場のひずみ」を「なぜなぜ分析」して下さい。』

慢性的に忙しいのであれば、負荷に対して割当てられている人員が足りていないということになる。そうであれば、作業者は「改善」と思って、何等かの「リスクテイキング」をしてしまう可能性がある。逆に、作業環境を改善せずして、「リスクテイキング」を防止するのは難しいのではないだろうか。

突発的に忙しくなったというのであれば、何か原因があるのではないだろうか。手戻りが発生した、急な変更があった、（前工程が遅れた、部品が無かった等により）遅れが発生していた等が考えられる。なぜ、そのような事態になったかを分析することと、どうしても突発的に忙しく

なってしまうことが避けられないのであれば、その時、一時的な応援人員の投入、納期の延期交渉など、どのようにして「ひずみ」の影響を緩和させるのかを検討する、あるいは事前に決めておくべきだろう。

　『どんなに忙しくても、「リスクテイキング」は禁止』という根性論だけでは解決できないのではないかと思う。

　「仕事が錯綜していた」というのは、紛れもなく「現場のひずみ」である。「焦っていた」というのも、何らかのトラブルや遅れがあって焦ったのかも知れない。それらの「ひずみ」を分析することは、十分意味のあることだと考えられる。そして、やむを得ない「ひずみ」の場合、例え「一時しのぎ」であっても、その影響を緩和するため対策というのは、職場の安全を守るために重要になると思われる。

　「ひずみ」に気づいて、「ひずみ」を除去／緩和する。災害の「真因」に到達するためにも、災害の「未然防止」のためにも、重要な「心得」になるだろう。

　次節では、「現場のひずみ」に着目して調査・検討することで、災害の再発防止策、未然防止策、特にメカ的な対策が、「従来の安全活動」の対策と比べて、どのように変わるかについて、考えていきたい。

5-2 「メカ対策」を検討する際の前提

　「従来の安全活動」を一言で言うなら、「安全に関する正しい知識を習得し、職場や作業のルール、及び、安全第一の主旨を理解し、安全意識を高く保つ」になると考えられる。これは、安全活動の「基本」である。「新たな安全活動」も、この「基本」が前提である。

　「従来の安全活動」で、メカ的な対策も重要な役割を果たしている。カバー、保護具、インターロックなどが代表例として挙がる。これらメカ対策の主目的は、「危険源の隔離」又は「危険源からの隔離」と言えるのではないだろうか。

　そのため、対策検討時の主な着眼点は「危険源」であって、回転体、挟まれ箇所、鋭利な箇所、重量物、高温、高圧力、高電圧、薬液、等々という危険源から、作業者を保護することが「対策」となっていた。

　これらのメカ対策は、エラーによる災害を防ぐために必須である。例えば、意図せず起こしてしまった失敗があったとしても、危険源が隔離されていれば、作業者は災害に巻き込まれなくても済む。

　つまり、「危険源の隔離」というメカ対策が安全活動の基本であることは間違いないのである。

　しかし、「従来の安全活動」におけるメカ対策は、カバー、保護具、インターロック、ポカヨケなどであり、覆う、仕切る、塞ぐ、止めるという、どちらかと言えば、画一的な対策が多いようだ。

　また、内容によっては、生産性を阻害するものもある。「効率よりも安全」を優先して導入されるケースもある。

　実際、「効率よりも安全」という作業や工程があるので、それ自体を否定するわけではない。リスクレベルが"常に高い"作業は、何があっても「効率よりも安全」なのだ。例えば、1999年に東海村の核燃料加工施設で事故が発生したようなウラン投入作業は、臨界を防ぐために、効率が悪くても、少しずつ処理していかなければならなかった。

しかし、災害が発生した工程の全てが、そのような特殊な工程だったわけではない。思い出して頂きたい。リスクレベルは変動するのだ。災害が発生した時は、やはりリスクレベルが相当高くなっており、許容できないレベルになっていたのであろう。しかし、通常の生産時のリスクレベルは低いかも知れない。そのような所に、ガチガチに安全対策をしているという場合があるのではないだろうか。いくら安全のためとは言え、生産性があまりにも低下してしまう、生産性は確実に低下するのに安全性が本当に向上しているのか疑問があるような対策だと、現場としては続けていくのも大変な負担になってしまう。可能であれば、安全性を最大限に確保した上で、生産性の低下は最低限に留めたい。願わくば、安全性も生産性も向上して欲しいと思うのではないだろうか。

　実際、前節で紹介した事例では、安全性も生産性も向上していた。

　残念ながら、全ての事例で生産性が向上できるとは限らないのだが、「現場のひずみ」が生産性を阻害するようなものであった場合、当然のことながら、「現場のひずみ」を除去できれば、安全性と生産性の両方が改善できることになる。

　「従来の安全活動」では、前述のようなメカ対策は出てこなかったと思われる。同じメカ対策なのに、何が違うのだろう。

　既に紹介しているが、「従来の安全活動」と「新たな安全活動」では、「着眼点」が違う。改めて、両活動のメカ対策を比較してみよう。

　本書の前半部分、「エラー」が意図しない、「リスクテイキング」が意図的という「作業者心理」の説明時に、「エラー」はメカ的対策が、「リスクテイキング」は人的対策が有効ではないかと書いていたのを覚えて頂いているだろうか。

　これは、話を少し端折っている。

　「リスクテイキング」対策として、まずは、「リスクテイキング」に気づく必要がある。そのためには、「リスクテイキングとチャレンジは表裏一体」を理解することが必要である。これは、人的対策と言えるのではないだろうか。（ある意味「意識改革」とも言える）

前節では、「しかし、それは対策の入口である」ということを述べている。「リスクテイキング」に気づいたら、そこから本丸である「現場のひずみ」に切り込む必要があるのだ。「現場のひずみ」の発生要因は、色々あるだろう。人的なもの、メカ的なもの、仕組みやルールが問題という場合もある。仕組みそのものに問題がある場合もあれば、仕組みはOKなのだが運用に問題があるという場合もあるかも知れない。「現場のひずみ」対策は、往々にして多岐に渡るものであり、チームで対処しなければならないのである。また、人的な対策が必要な時があれば、メカ的な対策が必要な時もあるのだ。

　「作業者の「心理」に着目しているから人的対策だけでよい」というわけではない。突破口（＝入口）を見つけるために、「心理」に着目しているだけと考える方がよいだろう。

　すでにお気づきだと思うが、いつの間にか、主役は「現場のひずみ」になっている。「新たな安全活動」では、「リスクテイキング」は脇役なのだ。
　では、「従来の安全活動」と「新たな安全活動」のメカ対策を一覧表で比較しよう（**図5-1**）。

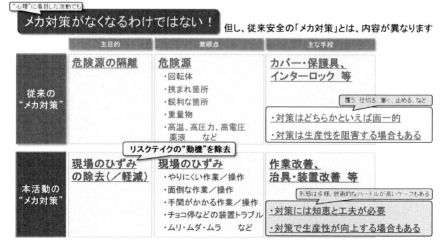

図5-1　「従来の安全活動」と「新たな安全活動」のメカ対策

（表中に「リスクテイキング」の文字がないことにお気づきだろうか。）

　「従来のメカ対策」「主な手段」にあるインターロックというのは、「インター＝相互」に、ロックするということだ。現場では、設備の制御のことを指すことが多いのだが、例えば、「扉が開いていたら、操作ボタンを押しても動作しない」というのがインターロックになる。

　家庭用の洗濯機でも、以前は脱水している時でも蓋を開けることができたのが、最近は蓋がロックされて開けられなくなっている。これもインターロックである。

　では、メカ対策の「主目的」を見てみよう。

　もちろん、最終的な目的は災害防止である。ただ、それだと人的な対策も災害防止になるし、「従来の安全活動」も「新たな安全活動」も全ての「主目的」が災害防止となってしまう。

　そのため、ここでは最終的な目的（＝災害防止）を達成するために実施されたメカ対策に着目して、その「期待される効果」を「主目的」としている。

　「従来の安全活動」におけるメカ対策は、「危険源の隔離」を「主目的」としているので、その「危険源」に着目して、カバー、保護具、インターロックなどで対処する。

　一方、「新たな安全活動」におけるメカ対策は、「現場のひずみ」の除去／軽減が「主目的」となる。「現場のひずみ」に着目して、対策を打つのだが、具体的な手段は、現場改善や作業改善、治具・工具等の改善ということになる。

　これらは、生産性向上のための改善と同じである。

　「現場のひずみ」が、「やりにくい作業」「面倒な作業」または「設備トラブル」などであった場合は、これらが除去できれば、スムーズに作業できるようになり、結果的に生産性も上がるということが期待できる。

裏を返せば、生産性向上のための種々の改善は、安全性向上にも寄与している ということになる。スムーズに作業できるのであれば、作業者はムリしなくてよい。頑張りすぎる必要がないのである。

　「現場のひずみ」を見つけ出す活動は、そのまま現場の改善ネタを探す活動にもなる。
　「本活動のメカ対策」「主な手段」にある治具は作業補助の工具で、例えば、製品や部品の位置決めをするための治具がある。加工、組立、検査などで、同じ作業を繰り返して行う時、製品や部品をガイドするようなものがあれば、楽に位置決めできるようになる。このような治具を導入したり、改善することで現場の作業がムリなくできるようになる。

　「現場のひずみ」を除去／軽減する手段は、「メカ対策」以外にも、経営判断やルール／仕組みの見直しなどがある。何らかのトラブルで、納期がどうしても間に合わない時は、納期を遅らせてもらうしかない場合もあるだろう。その場合に違約金が発生する場合、経営判断が重要となってくる。また、守りにくい、または、不合理なルール／仕組みが「現場のひずみ」になっているのであれば、その見直しが必要となってくるだろう。

　いずれにしても、「危険源」に注意して「安全意識」を高めるだけでは対処できない。どこに「現場のひずみ」が潜んでいるかはケース・バイ・ケース。状況に応じて、「メカ対策」や経営判断を含むその他の対策を検討して頂きたい。

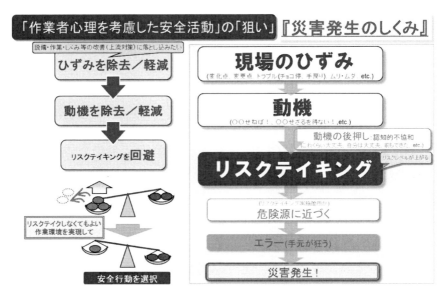

図 5-2 「作業者心理」を考慮した安全活動（再掲）

　さて、作業者心理に着目して、「災害発生のしくみ」を逆手にとって、「現場のひずみ」を除去／軽減することが、災害防止の対策になると説明してきた（図 5-2）。

　繰り返しになるが、「現場のひずみ」というのは、本来なくてもよいトラブルや予定外の遅れなどだった。やりにくい作業や複雑な動線というのも「現場のひずみ」なので、「現場のひずみ」をなくすというのは、「本来あるべき姿」に戻すということなのではないだろうか。

　3-6 節の最後で『目指すべきは、「安全を確保した上でチャレンジできる」環境作りだ』と紹介した。

　これは正に、「現場のひずみ」をなくすということに他ならない。

　では、その具体的な事例を次節で紹介していこう。

5-3　「新たな安全活動」の成果事例

①1つ目の事例

　「新たな安全活動」を実践した1つ目の事例を、対策検討の過程に沿って紹介していきたい。

　この事例は、今回のような「リスクテイキング」に関する検討を、管理職（課長、係長、現場の班長、ラインリーダー）が受講した職場での事例である。

> **＜リスクテイキングの事例①＞**
>
> 　これから説明する事例は、半導体の現場での出来事である。半導体の製造工程では、硫酸や過酸化水素水などを使う工程がある。これらの液体が顔にかかると皮膚がダメージを受けて、火傷のようになる。そのため、液体が撥ねても顔にかからないようにするために、保護面、面帯（めんたい）、あるいは、「フェースシールド」と呼ばれる保護具を使用する。ところが、このような危険な液体を扱う工程で、保護面を付けずに作業する人がいたのだ。危険な行為で、「リスクテイキング」である。さぁ、どのような対策を打てばよいだろう。

＜状況の説明＞

　一部繰り返しになるが、当時の状況を説明しておこう。

　薬液を用いて半導体製品を洗浄する工程において、薬液が跳ねた時に顔にかからないように、保護面の使用を義務付けていたのであるが、複数作業者が保護面を着用していないことがわかった。作業者は、前後の別工程を含めた一連の作業の途中で洗浄するので、薬液槽の前には作業者が入れ替わり立ち代わり立つことになる。洗浄そのものは短時間の作業であった上に、他の工程では使わないので、共用の保護面が洗浄槽に用意されていた。

＜対策の検討＞

　「従来の安全活動」であれば、まず、再教育だろう。なぜ、保護面が必

要かをわかってもらうようにしていたのではないだろうか。

　他には、カバーの追加。少し邪魔になるかも知れないが、作業場の前に透明なビニールを設けるかも知れない。下方を少し空けておいて、手や製品だけが通るようにしておけばよいだろう。

　これらの対策が、合っているのか、間違っているのかはさておき、この事例では、違うアプローチで対策を立案したことがポイントである。どのような視点で対策を検討したのだろう。

　「リスクテイキング」はすでにわかっている。「保護面を付けずに作業する」である。なので、本丸を調べる。「現場のひずみ」を調べるのだ。

　では、どうやって調べたのだろう。

　『「何がやり難いのか」を作業者に聞く』だろう。

　しかし、一般的に保護面を付けた作業というのは、やり難いものだ。普通に、邪魔だとか、面倒だという答えが返ってきそうだ。事例の管理者もそう思っていた。いや、思い込んでいた。実際は、どうだったのだろう。

　まず、保護面を使用していないのが全員ではなかったため、保護面を使用する人、しない人を調査した。以前は、全員に再教育をしていたようだが、この調査の時にはターゲットを絞ってみたのだ。

（残念ながら、再教育では十分な効果は得られていなかった）

　調査の結果は、少し意外なものだった。

　女性や小柄な社員の多くが保護面を使用しないことがわかったのだ。

　女性の方が着用率は高い予想していた方も多かったのではないだろうか。やはり、女性の方が顔に薬液がかかるのを嫌がりそうであるし、小柄な方は、液面がより近く感じるはずで、リスクも高いはずだ。

　次に、「何がやりにくかったのか」をヒアリング調査で確認した。

　これも意外な結果であった。

　「保護面がずれ落ちてくるので、作業がやりにくかった」のだ。

　共用の保護面で、しかも、ゴムで固定するタイプだったので、ゴムが

伸びてしまっていたようだ。

　管理者は、女性が「男性との共用は嫌だ」と思っていたのかと予想していたようだった。もちろん、男性との共用を気にする人もいたかもしれない。しかし、短時間の作業である。少しくらいの時間なら、顔を守る方を優先していただろう。でも、作業がやり難いのであれば、話は別だ。

　管理者の印象は、「盲点だった。言ってもらわないとわからない。」であった。また、作業者からの改善要望も特段聞いていなかった。

　どうして要望を上げなかったのかを確認したところ、作業者からは、『短時間の作業だし、「まぁいいか」と思った』等の回答がきた。

　まさに、「リスクテイキング」だった。

　『「細かいことに文句を言う嫌な奴だ」と思われるのは嫌だ』という心理が働いたのかも知れない。毎回薬液が撥ねる訳ではないし、薬液が撥ねたとしても、毎回顔にかかる訳ではないので、作業者が自分でリスクを背負い込んで、保護面をせずに、さっさと作業をすませてしまおうと考えてしまったのであろう。

＜対策＞

　回答を受けて、女性作業者に協力して頂き、現場検証が行われた。結果、保護面を正しい位置に装着しても、作業中に徐々にずり落ちてくることが確認された。「すとん」と落ちるのではなく、絶妙で、微妙な位置にずり落ちていた。

　「確かに、これだと邪魔になる。」と、管理者一同も納得したそうだ。

　さて、「現場のひずみ」が把握できたことで、対策がどのように変わったのだろう。

　この事例で実施された改善結果は、以下のとおりである。2段階で改善がなされた。

　保護面の固定方法を見直した。複数方式を比較検討した結果として、ゴム式から簡易調整ベルト式に変更した（**図5-3**の改善1）。

従来（ゴム）

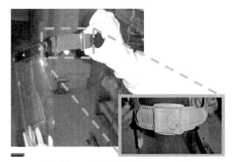

改善1（簡易調整ベルト）

図5-3　具体的な対策

　改善1後に、再度、作業者から話を聞いて確認したところ、保護面が
ずり落ちることはなくなり、作業の邪魔にならなくなったとの声が聞か
れた。

　半導体工場では、ミクロン単位の異物、つまりホコリ（埃）やチリ
（塵）、を嫌う。そのため、人体からホコリを出さないように、写真のよ
うな全身を覆う無塵服（むじんふく）を着て作業する。異物対策のため
とはいえ、作業性は良くない。
　そのような事情もあり、簡単に保護面が脱着できるようにゴム式にし
ていたのだが、残念ながら、それが「ひずみ」を生んでしまった。
　調整可能にすることで、保護面のずり落ちが防げた。しかし、これは
改善「1」であった。

　改善1により、概ね「問題解決」となったのだが、一部作業者からベ
ルトの調整が意外と手間取るという声が挙がった。
　確かに、ゴム式だとさっとかぶるだけで良い。手袋をしていると、調
整がやり難い。無塵服を着ているので、手間取ってしまう。更に、薬液
を扱う工程の作業時間がそのもの短い。結果、ベルト調整の時間が長く
感じてしまうのだった。
　それで保護面について更に調べ、つまみ式調整ベルトを見つけ出した。

これが**図 5-4** の改善 2 である。

　簡易調整ベルトと比べると、若干のコストアップになったものの、作業者からは脱着が簡単になったと好評を得た。

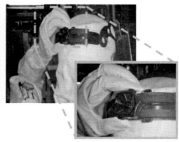

図 5-4　改善 2（つまみ式調整ベルト）

　結果、保護面着用率は 100 ％となった。

　良い対策であり、他の類似工程への水平展開もできそうだ。対策そのものもよいが、そこに至る過程もよかった。まさに「現場のひずみ」という本丸を攻めた事例と言えるのではないだろうか。

　もっと早くできていれば、更に良かったのにと思う方がいるかも知れない。

　念のために申し上げておくが、この職場の皆さんは仲が良く、コミュニケーションはとても活発だった。職場方針として「風通しの良い職場」も挙げていた。だからこそ、「新たな安全活動」の試行対象として選定したのだ。

　それでも、ゴムが伸びて保護面がずれることは管理者に伝えられていなかった。保護面の件で再教育もあったのに、である。

　以前から、作業者の方は、「保護面を着用すると、作業の邪魔になっていた」と思っていた。また、「なんとなくリスクは感じていたものの、薬品を使う作業は短時間なので、作業性を優先してしまっていた」とも思っていた。しかし、「多くの人が使う共用品だった（自分の専用品ではなかった）ので、多少の不便は仕方ないかな（＝「まぁいいか」）と

思っていた」のだ。まさに「遠慮」だ。

　作業者は、「不平・不満」を言って、職場の雰囲気が悪くなるのを避けたいと思っていた。管理者は、ゴムの苦情がなかったので、作業者が不便に感じていたことに気づけなかった。ということなのだ。ゴムが伸びて保護面が使い難いのは、不平でも不満でもないのだが…。

　筆者の推測だが、保護面を着用しなかったのは「作業の邪魔になるから」なので、教育で繰り返し説明されていた「不安全行動」とは別物だ！「私は悪いことをやっているのではない」と、作業者は考えたのかも知れない。まさに、認知的不協和である。悪いことはやっていないので、それに関して報告することも、当然無いのである。そして、黙ってリスクを背負い込んだ。

　自分では不平・不満と思っていなくても、不平・不満を言っていると受け取られるかもしれないとは思うのかも知れない。。。余計な事を言って、職場の雰囲気が悪くなるのは、、、やはり嫌だろう。

　会社に入ってからの現場経験がない方でも、学生の時のサークル活動やアルバイトの時に、「自分が我慢すればいい」と思ったことがあったのではないだろうか。

　しかし、結果的に、「我慢する」ことが「リスクを背負い込む」になっていたわけである。「報告しなかった」ことも、「保護面を付けずに作業した」ことも、両方、何らかの我慢をしていたのだろう。ある意味「頑張りすぎ」だ。

　改善後に作業者から自由意見を募ったところ、以下のような声が出てきた。

　(i)今までは、"まぁ、いいか"とやり過ごしていた

　(ii)今までも "薄々リスクを感じていた"

　(iii)"言っても変わらない" と諦めていた

「情報共有しましょう！」と言うのは簡単だが、実際は難しいのだと思う。様々な心理が働いているのだ。その心理というのは、「楽をしよう」とか「手抜きをしよう」というものではなく、職場のことを思ったり、他人のことを思いやったり、仕事を前に進めるために必要だと思ったり、「良かれ」と思っていることも多いのだろう。

　「チャレンジとリスクテイキングは表裏一体」。「良かれ」と思って頑張っていても、知らず知らずのうちに頑張りすぎているのかも知れない、無理しているのかも知れないのだ。

　「不安全行動＝悪いこと」ではなく、「諸悪の根源＝現場のひずみ」が職場の共通認識になれば、作業者は変に我慢せずに報告・相談できるようになり、管理者も「作業者にムリをさせて申しわけない」となり、作業者心理に寄り添うことができるのだと思う。その結果、情報共有の前に立ちふさがる心理的な「壁」が取り除けるのである。

　本件は、そんな心理的阻害要因を排除できた良い事例なのである。

②２つ目の事例

　２つ目の事例を紹介する。

　この事例は、本書のような「リスクテイキング」に関する講義を、管理者に加えて作業者にも受講してもらった、職場における事例である。

　１つ目は、「リスクテイキング」がすでにわかっている状態からの事例であったが、２つ目は、わかっていない状態からの事例である。

　「わかっていない」というのは、「管理者がわかっていなかった」という意味だけではない。「作業者もわかっていなかった」のだ。

　ということは、「エラー」ではないのだろうか？

　「意図的ではない」ということなのだろうか？

　実は、作業者は意図的に「何か」をやっていたのだ。しかし、それが「リスクテイキング」だとは認識してなかった。そして、管理者は、作業者が「何か」を意図的にやっていたことを把握していなかった。

　この辺りが、この事例のキモである。

<リスクテイキングの事例②>

　こちらも半導体製造現場での事例である。**図5-5**のような、天開き、または、跳ね上げ式と呼ばれる扉がある設備に関する話である。

　生産時には締切っていて、扉を開けるのは段取替えやメンテナンス、トラブル対応の時に限られる。扉は上方まで開く構造になっている。

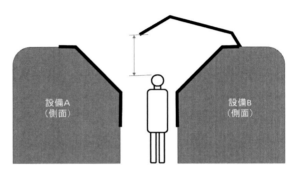

図5-5　天開き扉がある設備

　通路が狭いので、扉を開けるのが難しいように見える。

　しかし、どこにも「現場のひずみ」はないようにも見える。

　この事例では、「作業者が知らず知らずのうちに「リスクテイキング」をしていた」のだが、図5-5だけではわからないだろう。当時の現場の管理者も同じような状況だったと思ってよいだろう。

<状況の説明>

　では、「リスクテイキング」が明らかになった状況を説明していこう。

　このような半導体製造設備がある現場で、管理者と作業者を対象として講義を行った。講義終了後早速、管理者が講義の内容を活かそうということで、作業者に質問した。

　『「ちょっと頑張り過ぎているかも」と思うことはありますか？』

　『「これってリスクテイキングかも」と思うことはありますか？』

　管理者は、特に意見は出ないかも知れないと思っていたようだ。

　しかし、作業者から、「これってリスクテイキングですか？」と次の

ような質問があった。

　『設備Ａの扉が邪魔です。扉が開いていると、屈まないと通れない。
急いでいる時には、扉にぶつかりそうになったこともあります。今まで
は、"まぁいいか""仕方ないか"と思っていたのですが、これって、「現
場のひずみ」ですよね。「なんで屈んで通らないといけないの？」と思
いますし、これって、私たちの「頑張り過ぎ」じゃないですか？』とい
う疑問だった。

　まず疑われたのはこれは、ある種の「近道行為」ではないだろうかと
いう点。
　この事例で言うと、通常定められた通路は別にあって、この設備の間
を通るのが近道になるけども、危ないので通行禁止になっていたとする。
この時、通行禁止なのに近道を通ってしまうとルール違反になってしま
う。それが「近道行為」だ。
　しかし、この場合は正規の通路であった。

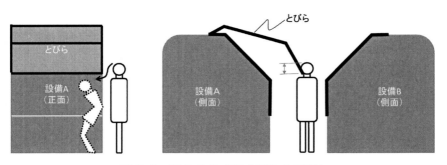

図5-6　図5-5の「扉を開けた状況」

　実際に現場で確認してみると、当時の「扉を開けた状況」は**図5-6**の
ようなものであった。これでは、屈まなければ扉に頭が当たるので危険
だ。どうして通行禁止にしていなかったのだろう。
　多くの職場にも、天開きの設備があるだろう。しかし、図5-6のよう
な中途半端な位置で扉が止まるようなものはないのではなかろうか。そ

れに、最初の説明図（図5-5）では、設備Bの扉は上の方にまで開いている。

　設備Aは「変」だ。管理者は知っていたのだろうか。

　このような気になる点があるのに、なぜスルーされていたのか？腑に落ちないのではないだろうか。

＜対策の検討＞

　結論に行く前に、ここで1つ確認しておきたい。「従来の安全活動」であれば、ここまでで得られた情報からどのような対策を打つことになるだろう。近道行為を禁止するのではないだろうか。

　しかし、それだと、きっと作業者は遠回りしなければならなくなる。

　ちょっと屈めば通れるのであれば、この「対策」は、早晩形骸化してしまうのではないだろうか。

　やはり、「現場のひずみ」を除去しないとダメなのだろう。

　では、説明を続けよう。

　もう、ご承知のとおり、「現場のひずみ」は、「扉が通行を邪魔していること」である。作業者の申告から明らかになった「現場のひずみ」だが、管理者にとっては"意外"だった。そこで、

　(Ⅰ)なぜ、そのような危険な状態に管理者が気づけていなかったのか

　(Ⅱ)なぜ、扉が中途半端な位置で止まっているのか

を調査した。

　結果、(Ⅰ)については、設備Aの扉を開けるのは、段取替えの時だけだった。段取替えの頻度は、1日1、2回。つまり、扉が開いていること自体が"稀"だったのだ。扉が開いているタイミングで設備Aの前を作業者が通るとなると、確率は更に下がる。管理者が現場にいて、作業者が設備Aの前で腰を屈めて通っているのを見かけるというのは、"偶然"以外にあり得ない確率だったことがわかったのだ。つまり、管理者が気づけなかったのも無理はなかったのだ。

　(Ⅱ)については、製品開発部門のちょっとしたミスが原因であった。

管理者は、まず、設備導入部門に問い合わせてみた。すると、意外な回答が来た。

「設備Aの扉を全開にすると、通行の邪魔にはならないはずですよ。」

「設備Bの扉はどうなっていますか？同じ設備ですが…」

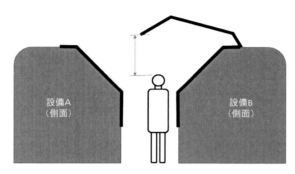

図 5-7　設備Bの扉

　早速、管理者が現場で確認してみると、確かに、設備Bの扉は**図 5-7**のように上方まで上がるようになっていて、全開にすると通路の通行には支障がなかったのだ。

　改めて設備Aの扉を確認してみると、蝶番（ちょうつがい）の辺りに、設備Bにはない部品が取り付けられていることに気づいた。

　そこで、関係部門に照会をかけたところ、製品開発部門から設備の扉にストッパーを一時的に取り付けたとの申し出があったのだ。新製品用のテストを行うために、製造部門に設備の使用申請をした上で実験を行ったのだが、その後、ストッパーを外し忘れていたということがわかった。すなわち、実験後の現状復帰が不十分であったという点が「現場のひずみ」となっていたのだ。

　即刻、設備Aに取り付けられていたストッパーを外すことで「現場のひずみ」が除去できて、災害の芽を摘むことができた。

　ケアレスミスである。

　製品開発部門の手抜かりだったが、製造現場の管理者にも、テスト終

了後に現状復帰できていたか確認して欲しかった。

　詳細は割愛するが、この件をきっかけに、テスト等を行う時は、事前・事後の申請・報告を再徹底すると共に、現状復帰確認をテスト実施部門と現場の双方立ち合いの元で行うルールが追加された。

　あっさりと「現場のひずみ」が除去でき、現実的な再発防止策を打つこともできた。これらも大事ではあるが、この事例、作業者からの申告がなければ、どうなっていただろうか。気づけなかった可能性が高いだろう。

　そして、管理者も「現場のひずみ」や「リスクテイキング」を正しく理解できていなかったら、せっかく作業者が申告してくれたとしても、「近道行為禁止！」と言うだけで終わってしまったのではないか。
　作業者にしてみたら嫌だろう。自分が悪いわけでもないのに、近道行為と言われるのは。元々、定められた正規通路であり、設備の扉が邪魔しているだけなのに。「通行禁止」と言われるくらいなら、わざわざ申告せず、黙って屈んで通り続けるのではないだろうか。
　黙ってリスクを背負い込んでしまうわけだ。最悪だ。

　この事例は、死亡事故や休業災害などの甚大な災害に繋がるリスクは低かったかも知れない。しかし、明らかに「現場がひずんで」いた。現場にリスクが潜んでいたのだ。
　わかってしまえば、誰でも気づけたのではないかと思える「現場のひずみ」だったが、色々な要因が重なると、管理者からは見えにくくなるということも理解頂けたのではないだろうか。

　やはり、①作業者が「リスクテイキング」を正しく理解することで、「リスクテイキング」に気づくことが大事なのだ。
　そして、②「リスクテイキング」について情報共有することが大事。この時、作業者だけでなく、管理者も「リスクテイキング」を正しく理

解している必要があるのだ。そして、信頼関係も大事だ。

　その上で、③「リスクテイキング」ではなく「現場のひずみ」に着目して、皆で対策を考えることが大事なのだ。ここで言う「皆」とは、現場の作業者、管理者だけではなく、他の部門の方々も含む。

　このようなことを、改めて確認させてくれた事例だったと思う。

5-4　安全活動における「ワンチーム」の心得 ～「新たな安全活動」まとめ～

　作業者心理に着目した「新たな安全活動」を行う時、基本となるのは、「リスクは変動する」ということと、それを前提として、「『やばい状況』を大事（おおごと）になる前に検知したい」ということだった。つまり、「新たな安全活動」ではリスクレベルが立ち上がる状況を検知したいことを示した。

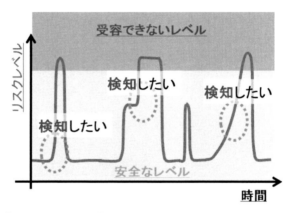

図5-8　「新たな安全活動」を行うためのリスクレベルの検知（再掲）

　これは、「リスクテイキングを行っている、または、行おうとしている」状況であり、作業者一人ひとりがセンサとなって「リスクテイキング」に気づくことが重要だった。そして、せっかく「リスクテイキング」に気づいても、リスクを黙って一人で背負い込んだのでは意味がない。その情報を職場（必要に応じて関係部門も含めて）で共有することも重要だ。

　「リスクテイキング」に気づくには、「リスクテイキング」を正しく理解する必要があった。ここで言う「正しい理解」というのは、「作業者心理に則した理解」とも言える。そのキーワードとして、「リスクテイキングとチャレンジは表裏一体」を挙げた。「リスクテイキング」は「チャ

レンジ」の延長線上にあると考えることにより、作業者が心理的に受け入れやすい概念にすることがポイントであった。

逆に、「悪いこと」というのは心理的に受け入れ難く、作業者は無意識に拒絶してしまうということも説明した。

また、管理者も「注意喚起」と称して「悪いこと」を強調することのデメリットを理解しておく必要がある。「リスクテイキングを行ったお前が悪い」ではない。せっかく作業者が報告した情報を無下に却下してしまうと、情報は二度と上がってこないだろう。むしろ、作業者に「リスクテイキングせざるを得ない」と思わせた**「作業環境」の問題と考える方**が「リスクテイキングを正しく理解する」ことになる。

単純化すると、「新たな安全活動」の主要 4Step は次のようになる。

Step1：「現場のひずみ」に気づく（作業者）
↓
Step2：「現場のひずみ」を報告する（作業者）
↓
Step3：情報を受け取る（管理者）…必要であれば関係部門に展開
↓
Step4：対策を決断する（管理者）

作業者が**一人で「責任」や「リスク」を背負い込んで「決断」する必要もないし**、管理者が**「現場のひずみ」を全て「見つけて」「管理」してやろうと意気込む必要もない**。それぞれ、「自分にしかできない」ことがある。各々の役割を認識して、全うすることが大事なのである。

「リスクテイキング」を正しく理解できると、「リスクテイキング」に対する感度が向上する。「これって、リスクテイキングかも？」と思って、

気をつけながら「チャレンジ」できるようになる。また、情報共有に対する「心の壁」が取り払われる効果も期待できる。
　(i)今までは、"まぁ、いいか"とやり過ごしていた
　(ii)今までも"薄々リスクを感じていた"
　(iii)"言っても変わらない"と諦めていた
ところなども、作業者にとって管理者に報告しやすくなるだろう。

(i) "まぁ、いいか"は、これまでであれば、「これくらいなら自分で（＝自分のリスクテイクで）何とかできる」と思っていたのだ。
(ii) "薄々リスクを感じていた"のだとしても、これまでであれば、「災害になる可能性は低い」「災害になっても大した被害ではないだろう」と自分に言い聞かせていたかも知れない（＝認知的不協和）。
(iii) "言っても変わらない"は、職場によって違うと思われるが、、、やはり、主な対策として「リスクテイキングを禁止する」ことが多かったのではないだろうか。つまり、「現場のひずみ」は手付かずで、やり難い作業、面倒な作業は"言っても変わらなかった"のだろう。そのような場合でも、安全行動を選択してもらえるかも知れないが、安全行動にデメリットを感じていたのだろう。
「（リスクテイキングが禁止されたら）仕事が回らなくなるから言うのをやめておこう」というケースすらあったのかも知れない。

「リスクテイキング」を正しく理解し、情報共有して頂きたい。
　一人や一部門で抱え込むのではなく、情報共有できるようになれば、それは大きな前進だと思う。

「リスクテイキング」が把握できれば、次にやることは明白である。「動機」と「現場のひずみ」を明らかにして、「現場のひずみ」の除去／軽減に取り組むことにより「動機」を除去／軽減して、「リスクテイキング」をしなくてもよい作業環境を実現するのだ。

対策や改善の対象、つまり、攻めるべき本丸は、「現場のひずみ」だ。「リスクテイキング」は、「現場のひずみ」に到達するための入口でしかないのである。

　「ひずみ」を憎んで「ひと（リスクテイキング）」を憎まず。

　この「現場のひずみ」を除去していく、除去できない場合でもその影響を低減していく、という考え方が重要である。これが「新たな安全活動」のキモになるのだ。

　「現場のひずみ」を除去する時には、メカ対策が必要になる場合がある。「従来の安全活動」でもメカ対策を行うが、**図5-9**に示すように、両者には大きな違いがある。

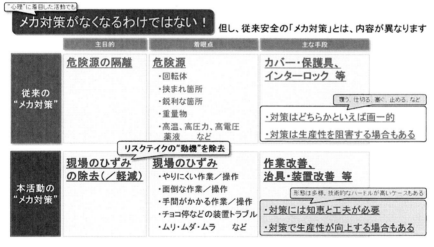

図5-9　「従来」と「新しい安全活動」のメカ対策の比較（再掲）

　「現場のひずみ」に着目して、除去／軽減していくという活動は、取りも直さず、現場の「改善活動」そのものになる。「現場のひずみ」は、本来なくてもよいものであり、生産性を阻害する場合もあるだろう。これらが除去できれば、安全性の向上だけではなく、生産性向上をもたらす場合もあるのだ。

　対策すべきは「現場のひずみ」だ！これで、少し視点が変わる。そして、「リスクテイキング」を「禁止」するのではなく、「やらなくてもよ

い作業環境を実現」して「未然防止」することが、「新たな安全活動」の
真骨頂となる。

　これは、一個人（作業者であれ、管理者であれ）が理解しているだけ
ではダメだ。職場全体で理解していることが大事になる。
　更に言えば、関係部門、会社全体の共通認識であって欲しい。つまり、
「ワンチーム」の心得として、頭の片隅に留めて頂きたい。
　「従来の安全活動」を否定する必要もないし、これまでから180°視点
を変える必要もない。新たな視点が加わったということだろう。引き出
しが1つ増えただけと考えて頂けるとよいのではないだろうか。

　今回紹介した「モノの見方（視点）」や「考え方」が、現場を良くする
ことに活用頂けると幸いである。

　本書で伝えたいことは以上で終了になる。ただ、1つ宿題が残ってい
た。「リスクテイキングはチャレンジと表裏一体」を説明した時に、「現
場のリスク」は「災害リスク」だけでは"ない"という話をした。次節
で最後にこの話に触れておきたい。

第**6**章

〈参考〉リスク管理の心得〜安全第一！ でも納期も品質も大事！板挟みの現場〜

「現場のリスク」は「災害リスク」だけでは"ない"ということは、なんとなく皆さん感じているのではないだろうか。

今から説明する内容を、筆者は「現場の四次元モデル」と呼んでいる。

残念ながら、学術論文等としてまとめげられたものではないので、データ的な裏づけがあるわけでもないのだが、現場の現状を理解する上で参考になればと思って紹介する次第である。

図6-1 は、「リスクレベルは変化する」という説明の時に見て頂いた図と場面である。左図は縦軸がリスクレベル、横軸が時間であった。ここで言うリスクとは、「災害発生リスク」を指している。後輩に声を掛けられた時点では、まだレベルは低い。しかし、この状況で後輩の話を聞いてしまうと、電車に乗り遅れるかも知れないという、災害とは別のリスクがあった。「電車に乗り遅れるリスク」は受容できないレベルに近かったのではないだろうか、というものであった。

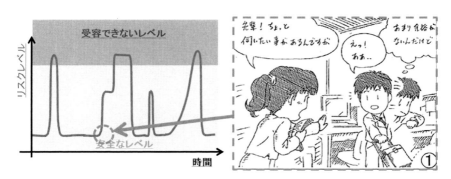

図6-1 リスクレベルが変化する場面（再掲）

「現場の四次元モデル」というのは、「災害発生リスク」という安全に関わるリスク以外にも、生産性、品質、コスト等に関わるリスクが現場

にあるということに着目している。そして、現場では安全第一と言われているが、現実的には、生産性第一、品質第一、コスト第一も求められているのだ。つまり、「安全のためであれば、生産性、品質、コストを犠牲にして良い」とはならないということである。どれかが犠牲になってもよいというのではなく、**現場は、これらを高いレベルで両立させる、バランスさせることが求められている**ということが、このモデルの基本的な考え方になる。

　生産性に関わるリスクは、効率に関わる生産性低下や工程遅延があるのだが、結果として納期遅延に繋がることから、「遅延リスク」または、「納期遅れリスク」と名づけている。品質に関わるリスクは、これも色々な事象があると思われるのだが、結果として品質不良に繋がるので、「不良リスク」または「不良発生リスク」と名づけている。
　「現場の四次元モデル」は、「納期遅れ」「災害発生」「不良発生」の3つのリスクを xyz の各軸に割り振った座標軸に、「タスク」、「作業」と称するバーを描いたモデルである。「タスク」は、純粋な作業だけではなく、準備・段取りや部品待ちなども含む。角度が「作業の仕方」、長さがタスクに必要な「作業時間」であり、（厳密には等価ではないが）時間軸（t）とも言える。これで四次元である（**図6-2**）。

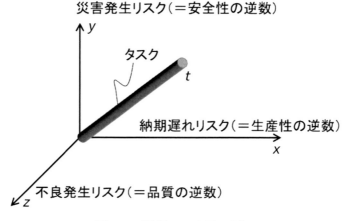

図6-2　現場の四次元モデル

ただ、四次元のままだと説明が少し難しいので、この後は、三次元で説明を続けていく。図6-3～5は、「災害発生」「納期遅れ」のリスクと「タスク」に着目した xy 平面図になる。

　この図を使って、「納期遅れリスク」と「災害発生リスク」が密接に関係していることを説明する。

　図6-3は、作業計画をイメージしたものになる。作業の量・内容、制約条件、想定されるリスクなどを考慮して、安全に納期に間に合うように計画を立てる。例えば、電車の時間ギリギリではあるけども、間に合うように出発時刻を決めたという段階である。

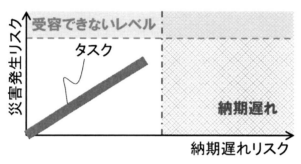

図6-3　作業計画

　図6-4は、「現場のひずみ」をイメージしている。想定外のトラブルが発生した状況だ。例えば、出発間際に後輩の質問に答えた段階など。これは、作業時間が延びた＝「タスク」が伸びたことに相当するのだ。このままでは、電車に遅れてしまう。納期遅れが発生する。

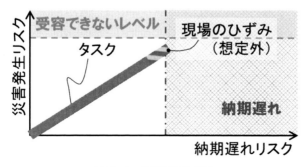

図6-4　現場のひずみ

図6-5は、「リスクテイキング」のイメージになる。「現場のひずみ」で「タスク」が伸びてしまい、納期遅れが発生しそうになったのだが、それをなんとか挽回したいと考えて「リスクテイキング」に走る時である。例えば、職場を出発した後、駅まで走って向かうとか、駅の階段で駆け込み乗車をしている状況になる。

　タスクの長さ（＝作業量）は変えられないので、なんとか納期遅れを回避しようと、タスクの角度（＝作業の仕方）を変えてみたのだ。結果、納期遅れは回避できそうだが、災害発生リスクが高くなった。

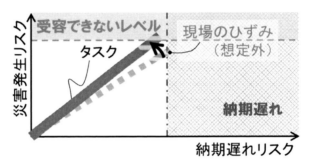

図6-5　リスクテイキング

　このように、「納期遅れリスク」と「災害発生リスク」は密接に関係しているという考え方である。感覚的にはご理解頂けるかと思われる。

　「効率」が求められる現代社会では、「納期遅れリスク」についても、「災害発生リスク」についても、マージンを極力少なくすることで、競争力を確保しようとしてしまう。ギリギリまでタスクを詰め込んでしまうこともあるだろう。結果、ちょっとした「想定外」のトラブル発生でリスクが顕在化してしまうのだ。「災害発生リスク」は目に見えないが、「納期遅れリスク」はわかりやすい。あと数分で電車に乗り遅れるというのは、定量的にわかってしまう。「納期遅れ」回避のために、安全面でムリをしようとする。これが「リスクテイキング」の「動機」だ。

　このような状況で、現場はどのようにリスク管理すればよいだろう。

余裕をもって納期設定すれば、納期遅れリスクは低くなるだろう。しかし、それでは競争力が低下し、お客様の要望に応えられなくなるかも知れない。そうすると失注してしまう。製造だけではなく、開発においても、合理的な範囲でギリギリの線を狙って、期限設定しているのではないだろうか。余裕があり過ぎてもダメ、かと言って、余裕がなさすぎてもダメなのだ。結果、「適切」な納期設定が大事になる。作業計画段階でいかに「起こりうるトラブル」「考慮すべきリスク」を想定できるかが大事になってくるし、トラブル（＝「現場のひずみ」）発生時に、どのように対処すべきかを事前に検討しておくことが重要になるのだ。**スケジューリングは、単なる「線引き」ではない**のだ。**「リスク見積り」こそが、スケジューリングのポイント**なのである。

　開発現場では、初めてトライする技術開発、製品開発では、リスクが読めない場合もあるだろう。そういう時には、要素実験やフィージビリティスタディを行うべきであろう。
　また、ソフトウェア開発では、最初の要件定義が曖昧だと、途中で手戻りが発生する可能性が高い。要求仕様にムリがある場合も同様だ。開発着手前の入念な確認がプロジェクト崩れを防止するための重要なポイントとなるであろう。

　作業を行う前の「計画」「段取り」が重要であり、うまくリスク管理できている職場やプロジェクトでは、「計画」「段取り」に十分な時間や労力をかけている。

　高度に分業化し、ギリギリの競争をしている「ものづくり」の世界では、誰か１人が（どこか１つの部門や工程が）ムリをすれば、遅れを挽回できるというものではなくなってきている。一方で、「リスクがあるから頑張らない」となってしまうと、競争に勝てない。やはり、チームとして頑張っていかないといけない。
　ここで言う「現場」とは、製造現場だけではない。営業の現場、製品

開発の現場、資材手配の現場、設備開発の現場、物流の現場など等、色々な「現場」でひずみは発生し得る。

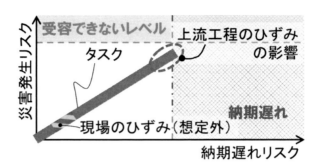

図6-6　上流工程で発生した「現場のひずみ」とその影響

　例えば、「ひずみ」が上流工程で発生しても、作業計画はギリギリの勝負をしているので、"頑張り"だけでは遅れを挽回するのは難しい。結果として、終盤の製造現場にしわ寄せがきてしまう（**図6-6**）。

　とは言え、「想定外」を完全に回避することも難しい。

　次のポイントは「先手必勝」であり、そのための**「進捗フォロー」のやり方**になる。例えば、プロジェクトには、受注した後、開発→設計→部品手配→製造→検査→納品などのいくつもの工程がある。開発や設計で想定外の遅延が発生することもあるだろう。その後の工程で挽回できればよいが、それがそのまま納期遅延につながることもある。そして、それが「現場のひずみ」となって、製造工程で災害リスクを高める要因になることがあるかも知れない。

　このような時、「避けられない納期遅延」を客先に連絡するのはいつだろう。メーカーとしては、できるだけ頑張って挽回し、「もうダメ」となってしまってから連絡した方がよいと考えるのではないだろうか。

　しかし、ユーザー（客先）の立場ではどうだろう。同じ納期遅延でも、前もって言われているのと、直前に連絡がくるのでは、どちらがよいだろう。前者だ。もちろん、納期遅延が無いのが一番。しかし、どうしても遅延するというのなら、早めにわかった方がありがたい。ユーザー自身のプロジェクトの「計画」「段取り」があるからだ。特に、メーカーか

ら納入されるものが重要機器であるなら、それに合わせて、人やモノを手配していることもあるだろう。直前に日程変更の連絡が入ると、大慌てで再調整しなければならない。

　頑張って挽回することはもちろん大事だが、納期遅延が避けられないのであれば、それを早めにプロジェクトで情報共有し、必要ならば客先に連絡することも大事なのである。開発や設計で「現場のひずみ」が無視できなくなった（＝顕在化した）時が、その時であろう。

　筆者は仕事柄、多くの職場で「開発計画」「進捗フォロー」の様式や運用を確認する機会があった。それらは、ざっくり２つに分類できる。「やったこと」をフォローする場合、「できなかったこと」をフォローする場合だ。「リスク管理」の観点からは、筆者は後者を推奨する。

　「やったこと」をフォローする場合、様式に「今月の実績」として、実施事項が書かれている。「やったこと」を多く書きたいのか、ご丁寧に先月分もコピペした上に今月分を追記し、「色付けした部分が今月分です」と報告しているものもあった。しかし、計画通り進んでいる時には、大抵「開発計画」に書かれている内容が報告されることになる。また、「問題点」を書く欄もある場合もあるが、そこへの記載はほぼなかった。問題点を書いても、「じゃあどうするんだ」とフォローされるので、問題点と対策をセットで書くようにしているということだった。逆に言えば、**対策が決まるまで問題は報告されずに抱え込まれる**のだ。

　「できなかったこと」をフォローする場合は、計画通り進捗していれば、報告事項は「特になし」となるので、報告はいたってシンプル。「できなかったこと」が発生した場合でも、「○週間後までに対策検討」と報告されるので、情報共有がスムーズに行える。「現場のひずみ」も報告しやすいし、リスク管理が行いやすいと思われる。

　実際、「できなかったこと」をフォローしている職場では、結果的に対策が早く、チーム全体で対処できていた印象がある。

逆に、「やったこと」をフォローする職場では、「部門間の壁が厚い」という印象があり、情報共有が遅れたことで開発の手戻りが発生していた事例もあった。

　開発は「チャレンジ」であり、「チャレンジ」にはリスクがつきものである。「できて当たり前」ではない。想定外のトラブルが起こることもあるだろう。この時にどう対処するかが、チーム（プロジェクト）として大事なのではないだろうか。「失敗」と思っていたことが、実は「新たな知見」なのかも知れない。悪い失敗は避けるべきだが、良い失敗は称賛されることはあっても非難されるものではないと考える。

　話が少し反れたので、元に戻そう。
　「できなかったこと」をフォローすることにより、「現場のひずみ」に気づきやすく、情報共有しやすくなると考えられる。情報が上がれば、プロジェクトマネージャも判断しやすくなるので、先手を打つことができるのではないだろうか。これにより、客先との信頼関係を維持できるだけでなく、現場の安全を確保できるという考え方である。

　現場では、様々なリスクが相互に関係している。
　「納期遅延リスク」のことだけではない。例えば、3-3 節で紹介した「巻き込まれ災害」では、「異物なきこと」という設計仕様の話を紹介した。これは「不良発生のリスク」を低く抑えるのには有効だが、製造現場にとっては、厳しすぎる要求レベルであり、「現場のひずみ」となっていた。

　図で示せば、「納期遅れ」「不良発生」リスクに着目した xz 平面図になる（**図6-7**）。
　適切な品質要求レベルであれば、納期に十分間に合うように計画ができていたはずだったのが、厳しすぎる品質要求のため、作業方法の変更を余儀なくされ、納期遅れが心配される状況になってしまった。

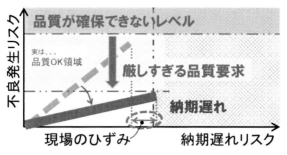

図6-7 「厳しい品質要求」が「納期」に影響

　図6-8 は、「納期遅れ」「災害発生」リスクに着目した xy 平面図になる。

　図6-7 の状況を xy 平面に投影すると、「タスク」が伸びたように見える。「リスクテイキング」を誘発する環境ができてしまっているのである。更に、3-3 節で紹介した事例では、設備の不具合によって想定以上の異物が付着するという「現場のひずみ」も発生していた。

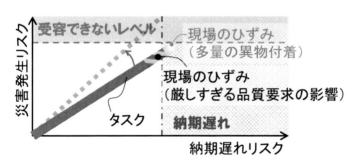

図6-8 「厳しい品質要求」が「安全」に影響

　「異物に関する設計検討」は、設計部門にとって手間が増えるようにも思えるが、この「設計検討」は、本来、作業計画に盛り込まれるべきものなのだ。

　本書で伝えたいことは「全体としての最適化」であり、チーム全体における「現場のひずみ」の除去／軽減である。1つの部署の負荷が軽減されても、他の部署の「ひずみ」となっては、全体最適とは言えない。

そういうところを「タスク」という作業計画で表している。

　また、開発・設計の段階で、製造・検査の「現場のひずみ」を回避する方策を打てることが望ましい。そのためには、「デザインレビュー（図面審査）」等の「ホールドポイント」で、製造・検査部門が「現場の声」を開発・設計部門にしっかりと届けることが重要になるだろう。これは、なんでも要求を述べればよいというものではない。「現場のひずみ」について、情報を共有することがポイントになる。

　現場では事象が複雑に絡み合っている。まさに四次元のパズルのように思える時もあるだろう。そのままでは頭がついていかない。視点や論点が発散してしまっては、絶対に解けないのである。

　場合によっては、客先から頂いた要求仕様、要求事項にムリな内容があるのかも知れない。それが「現場のひずみ」になることがあるかも知れない。そのような場合には、客先との折衝が必要となる。客先も巻き込んでの「チーム」の総力が試されるのではないだろうか。

　「技術的なムリ」は、イノベーションにとって必要な時もあるだろう。従い、なんでもかんでも拒否していると競争力が低下してしまうだろう。しかし、「現場のひずみ」に繋がるムリは受け入れてはいけない。

　次に、「スケジューリング」と「進捗フォロー」で「リスク」を管理・監視する。リスクが顕在化する（＝現場のひずみが無視できなくなる）状況になってしまったら、早めに情報を共有し、早めに対処していくということが重要である。

　「現場のひずみ」は、"Unexpected Condition/Situation" である。**当初想定した「計画」からのずれ（＝できてないこと）を管理**することで、早期発見ができるのではないだろうか。

　結局、「安全」のリスク管理だと言っても、「安全」のことだけを考えればよいというわけではないのだ。すでにおわかりのことだと思うが、「心の天秤」の左側、つまり「リスクテイキング」の「動機」となるのは、「納期」「品質」「コスト」「お客様からのご要望」だったりするのだ。「守るべき納期・コスト」や「守るべき品質」「お客様からのご要望」を達成

するためだからこそ、ベテランまでもが「リスクテイキング」を「良かれ」と思ってやってしまうことがあるのではないだろうか。

　色々な職場の安全管理者が作成する資料・テキスト等を拝見していると、「意図的なリスクテイキング」の「意図」の部分に、「悪意」や「自分に都合の良い」という文言が隠れているように読み取れるものが散見される。確かに、このようなことが100％ないとは言い切れない。しかし、**まじめで責任感が強い人ほど「自分がなんとかせねば」と頑張り過ぎる傾向**があり、そして、その**責任感から「リスクテイキング」を行っている**（＝「チャレンジ」している）ことがあるということもご理解頂きたい。そして、その**背景に「現場のひずみ」として、多忙やトラブルに加え、「納期」「コスト」「品質」「お客様からのご要望」等の問題がある**かも知れないと考えてみて頂きたい。更には、安全とその他の事項の間にある「トレードオフ」は**管理者／経営者の（経営）判断でしか解消できない場合もある**ということを頭の片隅に置いておいて頂きたい。

　現実問題として、「部門間でモノが言い難い（気遣い・遠慮を含む）」「お客様にモノ申すのはちょっと」「事業環境そのものが厳しい」といった障害が存在する場合もあるだろう。これは一朝一夕では、いかんともし難いのかも知れない。ただ、少なくとも、「現場のモラル」や「作業者の安全意識」で解決できる問題ではない。より上位の管理者の差配や経営者の判断・決断が必要になるだろう。一見、安全とは無関係にみえる「部門間のコミュニケーション」や「お客様との折衝力・交渉力」が課題として把握された時には、中長期の課題として全社で取り組む必要があるのかも知れない。逆に、それらをスルーしてしまうと、意味不明な「対策」ができてしまったり、意味不明な「対策」が新たな「現場のひずみ」になってしまうこともあるだろう。

　色々なリスクが絡み合っているからこそ、個人間や部門間における「情報共有」や「意思疎通」が重要なのではないだろうか。そして、共通認識として「ひずみはやばい」と理解しておくことが大事なのである。

〈筆者紹介〉

金塚　憲彦（かなづか・のりひこ）

京都大学大学院（精密工学専攻）修士課程修了。大手メーカーに機械系エンジニアとして入社。生産技術開発部門の一員として、社内の現場改善や生産ラインの自動化などを担当した。入社20年目に本社に異動した際、本書のきっかけとなる安全に関する全社プロジェクトに参画する機会を得た。プロジェクトは1年で終了したが、その後も独自に研究を重ね、本書が提唱する「ものの見方」「考え方」をまとめるに至った。

現場のリスク管理と災害未然防止のための
「不安全行動（リスクテイキング）の防止対策」
NDC 509.8

2022年7月15日　初版1刷発行	（定価は、カバーに表示してあります）
2024年4月26日　初版2刷発行	

© 著　者　　金　塚　憲　彦
　発 行 者　　井　水　治　博
　発 行 所　　日 刊 工 業 新 聞 社
〒103-8548　東京都中央区日本橋小網町 14-1
　　　　　　　電話　編集部　03（5644）7490
　　　　　　　　　　販売部　03（5644）7403
　　　　　　　　　　ＦＡＸ　03（5644）7400
　　　　　　振替口座　　00190-2-186076
　　　　　URL　https://pub.nikkan.co.jp/
　　　　　e-mail　info_shuppan@nikkan.tech

- -
印刷・製本　美研プリンティング㈱（1）

2022 Printed in Japan　　　落丁・乱丁本はお取り替えいたします.
ISBN 978-4-526-08219-1